閩臺歷代方志集成·福建省志輯·第10冊

福建省地方志編纂委員會　整理

［萬曆］

閩大記

（三）

（明）王應山等纂修

萬曆十年（一五八二年）（清抄本）

社會科學文獻出版社

閩臺歷代方志集成 · 福建省志輯 · 第[illegible]冊

〔萬曆〕閩大記（一）

社會科學文獻出版社

林勗

林勗字公懋閩縣人唐大中五年以開元禮登（原本有誤）科為吉州刺史飲吉水而已內艱歸復除吉州官

曾會

曾會字宗元晉江人宋端拱進士第二授光祿丞直史館以親老乞郡改殿中丞知宣州祥符末由三司判官為兩浙轉運使已解漕職力言

錢塘捍江之役莅以權璹發卒萬人震駭山谷遂罷役浙人頌之會歷典七郡皆有聲

林槩

林槩字端甫福清人高之子也景祐進士試禮部第一以秘書知剡縣改長興大饑諭民勸分遠不能至令使廩其家行治第一徙連州遷太府丞集賢校理歸省卒於道年三十六子旦名賢希入前鑒

林仲

林仲字仲之莆田人嘉祐進士以劾内侍程昉規屯田實邊開河孟家口滄景德棣四州俱被其害爲昉所劾褫一官知新會縣縣多諸司職田值歲歉免租什九吏持不可仲曰不過爲民一衡替耳後符吏言恬如也以朝奉郎致仕玄孫霦隆興元年進士

王言潡

王言潡字子明晋江人端拱進士知南豐縣扶滿擢知邵州歷漳鄂滁三州在漳開蓮浦減水

患道植松柢泉境二百里郢滁人亦生祠之真宗祀汾陰郡守悉用子弟奉表覃恩言澈獨遣僚屬時論高

李欣

李欣字公愉莆田人太平興國進士階州推官耀州通判以清謹聞歷知儀解福三州皆有善政福州民繪像冲灵觀祀之進兩廣轉運仁宗以舊學璽書褒問除衛尉卿遷諫議大夫卒子八人宗元宗謹相繼登科

趙誠

趙誠字希平晉江人天聖進士通判撫州郡有疑獄守趣請判誠知有赦故延其讞獲免者衆知歸州有巴王祠歲夕殺人以祭誠毀祠投像于江疏鑿新灘人免覆溺不爲旁灘大姓游言所沮役成號趙江入爲三司判官出知明州時卒

蔡高

蔡高仙遊人襄之母弟也字君山景祐元年進

士調長溪屢斷疑獄咸伏其辜遷太康主簿府尹吳遵路素剛以嚴憚下吏高年少能不少屈遵路獨喜以為能吏未幾以疾卒于官年二十八高居官舍晝夜力學卒時裒發其遺稿得數十萬言皆當世務妻程氏一男二女俱幼縣人哀其貧以錢二百千為賻程氏泣曰吾家素廉不可以此汚吾夫悉拒不受歐陽脩銘高墓稱其能以廉化妻云

陳惟德

陳惟德字徽之莆田縣人以祖任長樂尉鞫隣縣服毒疑獄脫誣坐者歷知雷州以公田歲入数百斛還官罷採珠户遷太子舍人知長洲縣轉國子博士知連州又以康湖圭田歲收其息入公帑以虞部郎中致仕卒惟德孝友清介先疇悉賙諸父昆弟之貧者二子啓期啓宇俱進士

方偕

方偕字齊古莆田人弱冠進士及第溫州軍事

推官後判汀州累遷御史臺屬澧州卒傭民家誣民事魔駞神歲殺十二人以祭州繫同族三百人獄久不決偕被詔往按所殺主名皆妄卒以誣論死遷侍御史鴻慶宮災偕請如漢原廟故事罷作歷天章閣侍制江淮制置發運使知杭州遷刑部郎中光禄卿卒偕以吏事進在杭有能聲然累於酒

方嶠

方嶠字次山莆田人景祐初進士福州司理叅

軍與守爭辨脫州民鄭某誣繫改秘書太常博
士知潮州後潮人祀之配韓愈庙用薦使福建
咨訪利病條上之英宗即位改職方員外通判
吉州遷屯田都官郎中奏治吉叛卒數百人遷
司封郎中改太府少卿卒子六人伯鶱仲宇叔
完俱知名

伯鶱

伯鶱侯官尉有盜殺人追捕無驗聚里民詢其
姓名至曾忍者熟視之一訊而服改丞建陽部

使行縣欲撫令事諷伯厲使言伯厲謝曰擠人自進所不敢為且寔不知也官終會昌令

仲宇

仲宇治平進士知南安縣有能聲

叔完

叔完元豊中令候官紹聖初由京東檢法召對除司農丞耻為章蔡所舉乞外提舉京西常平終河東運判子容字南圭皇祐甲科歷守惠州終朝請大夫

孫奕

孫奕字景山閩縣人皇祐進士歷知南陵海陵吳三縣知開封呂晦薦知封丘又薦爲監察御史論新法不便爲鄧綰劾監陳州酒稅陳襄知杭辟僉判復以都官員外監泗州倉襄侍經筵又薦奕士行著于鄉閭節義信於朋友歷官所至並稱循吏宜使當一路厚俗元祐初除福州轉運使同邑林撲國子博士知南康軍亦有去思

方慎言

方慎言字應之莆田人咸平進士知信豐蘭溪二縣稱神君祥符初以殿中丞使淄青均給蚕賦稱旨仁宗即位改御史丁謂貶崖州遣慎言籍其家得千請私書悉焚之人稱其長者請郡知泉州歲饑發廩賑貸又奏免丁税民生子多以方兒名歷兩浙轉運使知潭州入為諫議大夫以朝請大夫知廣州卒贈開府儀同三司曾孫軫自有傳

吴評

吴評字正詞崇安人景祐進士鄞縣尉議獄持正於郡守無所阿通判常州濬舉溪引蘇湖資灌溉治平中知懷安亦自雲頂引水入城民德之神宗時守南京召為太常少卿判太常禮院出知萊州復興水利尋奉祠官至中大夫後致仕

黄寔

黄寔字公是浦城人熙寧進士積官提舉京東

淮西常平歷梓州路兩浙提刑京東河北轉運副使為曾布林希譏沮不得召移知陝州江淮發運副使使遼還除太僕卿擢寶文閣待制知瀛州徙定州有旨籍民兵旁郡騷擾寔懷檄不下畫其利害陳之得寢改知陳州卒贈龍圖直學士寔有內行孝友款睦為章惇埸無所附麗不得久於朝其子孫遂家于陳

徐九思

徐九思字公謹崇安人慶曆進士尉蘄水歷知

雙流宣城南陵三縣以趙抃唐介薦入判三司坐忤時宰出判廣州在廣有惠政神宗召對面賜褒諭以譏王安石新法又附司馬光坐廢十餘年元祐初召爲江淮諸路發運使致仕

黄輔國

黄輔國字應圖浦城人元豐進士歷知高郵軍時淮右旱蝗賑活數萬人用薦擢樞密院編脩除右正言遷右司諫論惠民數事皆著爲令擬改太常少卿上親擢起居舍人有旨集元祐元

符章疏籍為姦黨輔國不恭詔出知袁州江寧
落職知光州大觀初知泉福二州召為給事中
未上卒

上官凝

上官凝字成叔邵武人慶曆進士尉銅陵秩滿
有數叟送至境上餽藥數器行數里發之金也
追而反之調潭州司理守數以喜怒輕重獄事
凝力爭之縣送盜七人法當死凝覺二人非盜
乃吏教盜扳之幸賞耳人服其明允皇祐初令

陽翔改著作佐郎知攸縣歷湖口分寧又移安
丘縣人成向者以殿中丞罷歸干謁侵漁累貲
鉅萬凝斥堂下使伍𠑹因會向族人奕爲守入
其讒奏逮胥吏百數驗治無狀凝恬如也山東
大蝗獨凝境内有烏萬數群食之歲大熟熙寧
三年遷職方員外通判處州未幾卒于塏均塏
三子恂憕怡均二子愔悟俱有傳從孫㤝
㤝
㤝守閩中元豐進士潮州司户調富川令改蕪

湖擢判吉州崇寧五年知深州復除南劒政尚
寬和民懷之改徽州仍多寬政丐祠謝事歸胡
安國奏記時宰恢練達世務端重有守遂與楊
時同薦于朝積官至中大夫

黄彦臣

黄彦臣字叔燦龍溪人治平進士南寧簿歷知
長汀南安二縣倅泉廣二州莆汀劍建四郡守
累贈少師彦臣倅郡時獲强盗守欲寘大辟彦
臣疑其寃故緩之果獲真盗劍俗苦丁錢有生

子不舉者彥臣令保正月報官贍之遂著爲令

彥臣九子督敎甚嚴長子願尉晉江奉一與彥

臣惡其侈焚之貽書切責諸子益淬勵歷官有

聲

陳頴

陳頴晉江人以父孝則蔭知海陽縣政尚寬和

盡蠲無名之賦知惠州帥欲捕妖巫嘯聚者頴

請撫之遂定改廣東市舶提舉卒

謝詷

謝調字成甫建寧縣人八歲屬文為守宋咸所重治平進士令臨川人謂冰壺又稱銅釘言清且剛也邑有千金陂溉田萬頃前令謝卿材創築尋壞調復為規建民歌之曰前謝後謝邑豪閔通者屢以事至縣庭調治之鄉人遂誣其子為盜調為辨釋人服其平改令清江歲祲出賑除夕家人以書促歸調云歲晏未歸少飲數盃耳縣人且失食李何竟宿于外後為汀守累贈宣奉大夫從子皓

皓字德夫幼孤學于調調器之入太學登元豐進士歷南劍州司户瑞洪二州司理改知歷城俱有政績除荆湖提舉尋除運判改兩浙擢金部郎大觀三年代張開接伴遼使明年假太常少卿使遼有專對材宴射一發破的遼主駭服還奏北界山川名物敵情上悦遷司農少卿歷建昌南劍絳三郡守績皆書最奏祠卒年八十

柯述

柯述字仲常南安人嘉祐進士贛縣尉歷知歸安襄邑皆有異績擢知懷州累官朝議大夫直龍圖閣元祐五年知福州創貢院士人祠之初述倅漳賑饑有二鵲巢廳事之棟秩滿從傳舍鵲亦隨止行時飛翔數十里依匕不能去蘇軾有詩記之述邃於易著否泰十八卦以明進退君子小人之義從子知漳紹興進士海豐令浚灵溪陂溉田三千頃

石亘

石亘字彥明晉江人嘉祐進士累遷司農幹熙寧中從司農張諤出賑淮浙所過盡以官帑置場給散又募收養遺棄小兒所活百萬有司劾其不循常法與諤俱罷亘曰有旨惠民若繩以法敢逃罪官終陝西運屬

蕭磐

蕭磐字安國閩清人紹聖進士官至朝議大夫權知梧州磐課農桑興學校百廢俱舉暇則引諸生飲射讀法有古循吏風丐休賜紫

李芃

李芃字績仁閩縣人大觀進士靖康初待次兩浙常平擢直秘閣建炎間福建提刑值葉儂為冦芃冒矢石登陴與語乃引去張毅之亂芃往古田單車入壘使擒范汝為自効賊平除知泉州芃居官屢有戡定功終左中奉大夫

黃公濟

黃公濟字經國晉江人弱冠舉進士歷知瑞安縣方臘之亂直起縣境遂窺閩中公濟募丁壯

五千人與尉梁公範躬擐甲冑九十餘日不入廨舍賊引去最後悉衆來攻公濟繡福建鎗杖手于大旗為陣賊驚援兵且至遂退代還疾卒有司上功官其一子民聞公濟死市哭累日立廟祀之

黄孝先

黄孝先字子思浦城人宿州司理活死獄十有六人用薦為大理丞知咸陽縣移綿竹奏蠲税錢終太常博士通判石州累贈大中大夫職方

郎中

陳麟 列福州名官

陳麟字夢兆沙縣人大觀進士知閩縣辨盜獄寃者後獲真盜邑人神之部使狥勢家意欲從他墓自辨（原本有誤）麟持不可縣吏被杖終不爲動使者復令屬邑求翠羽花石不可得怵以危言麟曰孤寒小官潔已自守而已時與黃琮翁谷並稱循吏紹興初知韶州以平寇功擢湖南運判之職

吴師服

吴師服字夢得甌寧人天聖進士知象州匕無城儂寇犯境師服籍婦庾所儲均屬大姓輦藏之聽民避賊獨佩州印居守賊知無所得引去改邵武軍坐事謫後事直以職方郎中致仕元符中卒壽百歲

王禹

王禹字景和崇安人皇祐進士知雩都縣能化俗無嚚訟縣南有泉灌田千頃忽鉛錫使者欲

置治髙持不可遂寢後通知州婺州

陳閛

陳閛字伯通莆田人皇祐進士知武平縣辟監建州豐國鎮擢知建州歲饑境内有擴粟者令指爲盗至數十人閛曰飢故爭食耳推驗果然檄縣杖而釋之促令出粟賑貸郡人德之相與繪像立祠後致仕

章粹

章粹字仲容浦城人元豐進士知廬江縣白湖

田頻罹水患粹作隄防為民永久利遷大府丞

通判思州

黄静

黄静字安人浦城人元豐進士歷州縣著聲除

福建提舉歲飢賑濟（原本有誤）十方終朝奉大夫

論曰宋興藝祖丕基太宗嗣統氓庶自五季

後新去湯火主臣俱欲休息乎無為繼以真

仁益臻熙洽不下皇序海内晏然民務稼穡

衣食滋殖刑獄罕用吏治蒸蒸循理率職庶

幾良牧之風百餘年盛際如此有王者作禮樂可興乎故擇其有名章徹者書之

林積仁

林積仁字允美莆田人紹聖進士知甌寧縣移北海治決河有功改河東提舉歷知平陽府移京畿提刑民皆牽裾泣送靖康初平陽父老走闕下再乞積仁為守乃以中大夫直祕閣領之民皆繪像置其家未幾致仕起為廣東轉運使卒于官潮人哭之甚哀贈左光祿大夫

黄轍

黃轍字遵晦浦城人知安仁縣有循良譽改新昌奏課為天下第一終大理丞通判筠州子輔用

張若谷

張若谷字德繇沙縣人進士及第巴州推官擢州禦冦調全州推官入見上識其名擢大理丞知濠陽縣擢知處州歷江淮轉運制置入為三司副使累遷右諫議大夫知并州進樞密直學士知澶州成德軍揚州江寧府累官尚書左丞

致仕卒若谷受知宰相張士遜所至有循良
蹟

陳師仁

陳師仁字可權莆田人崇寧進士知連江縣調順昌入任十五年不從官當獲劫盜十七人故緩其獄曰貧為盜非其本心忍速其死以希改秩會赦得減死論建炎中遷官告尋請老五于俱仕昭度自有傳

吳達

吳逵字公路崇安人宣和進士尉永福以功擢知泰寧力請減茶引錢之半改知順昌尋判南劍州鑿平劍溪灘險歷知肇慶府濠廬二州福建提刑除直秘閣知邕州

江顥

江顥字良弼崇安人宣和進士上高尉以勤王功改丞劍浦范汝為平以功擢令無錫歷知郴蒙二州廉名籍甚高宗記其名于屏

黃鍭

黄鍰字用和浦城人政和進士從揚時學及爲工曹屬諸邑大水按視官希部使者意不以聞鍰獨請蠲田租什之八使者怒鍰不爲動調西安丞靖康初李綱辟宣撫幕屬入爲監察御史首陳七事深見嘉納江西提刑奉祠卒

江常

江常字少明晋江人崇寧進士累官給事中帥福州賊乘流逼州城常登陴諭以禍福賊羅拜城下遁去復因州卒驕恣譁于牙門去其黠者

始遵約束奉祠歸歲飢傾廩賑貸父喪廬墓以
壽終

陳康年

陳康年字季昌晉江人政和間以舍選知海陽
潮陽二縣捐俸輸浦逋負運私粟賑飢用薦通判
潮州攝守事歷官二紀公廉如一日

黄宣

黄宣莆田人政和進士知遂平縣李彥附蔡京
行公田法姦民黄時者請籍遂平之租以供内

藏三奉御札專委檢按宣屢執奏中使至縣宣
復以身扞之得免癸州十邑獨遂平無公田召
為太學博士卒

翁彥約

翁彥約字行簡崇安人應詔上格言二十篇第
進士常州刑曹累遷太常博士請外提舉河西
北學事除知高郵軍革商販茶塩積弊吏不得
倚法為姦歲大旱以禱祠積勞疾卒

章元振

章元振字時舉崇安人政和進士知寧鄉縣師曾孝序請入長汀寧鄉民乞留師不能强後改休寧泰寧二縣歷知潮州與秦檜同年生不通書久之移肇慶府以治行書最進朝議大夫廣東提舉

葉薦

葉薦字宋穎建安人建炎進士紹興中為福建帥幕汀冦作被檄招降調羅源令築堤捍田民立祠祀之

黄衡

黄衡字平國，浦城人，建炎進士，試禮部第一，知安福縣。守呂源欲以六月修城堡，衡爭于朝，守坐罷。後移福州教官，用趙鼎、孟庾薦，除秘書正字，遷校書郎，丐外，倅邵武軍。

吴櫪

吴櫪字行遠，崇安人，建炎進士，知長汀縣，讞獄平恕，又請運下州塩綱，絶配買之擾。秩滿，民遮道泣留之，有及境外者。人移倅建昌軍。

傅佇

傅佇字疑遠仙遊人重和進士無棣縣簿調南安丞歲饑請出常平錢米設安養院糜粥食之遷知晉江轉南劍州通判卒佇仕宦三十年先疇無所增益官至朝奉大夫子汶以蔭補官歷知將樂縣時以軍興責縣鬻僧多視民産强致之汶獨使賫牒往三山減直售之官以餘直足其數又嚴不舉子之禁給錢米悉有記籍活以萬計尋倅廣州繼知德慶府所至以仁稱終朝

請大夫

林正

林正字明輔莆田人大觀釋褐及第歷廣西提刑隸感者劇盜也橫行並海諸郡正親詣海上招諭散脅從數千人以首惡數十人寘于法奏功獨不受賞除兩浙運判累遷左司郎中卒

謝麟

謝麟甌寧人令會昌民夜被酒與讐鬬所親殺之誣其讐麟知死者無子所親利其貲一訊伏

韋調石首疊石障隄人得安堵通判辰州歷知
沅宜果剥南邠涇六州

陳諒

陳諒字友仲仙遊人豊之子讜之弟也用父任
知古田縣一意撫字比歸帑藏無蠃或持其短
長朱熹言於帥陳宰廉吏坐此困辱何以為勸
慶元初知篆州卒官

葉安節

葉安節浦城人鄞縣簿鑿巖起斗門于海濵成

王安石未就之業為海晏大丘吴巖三鄉利益改宣教郎知諸暨縣官終朝散大夫

李廣文

李廣文字夢授古田人政和中舍選登第尉尤溪捕寇有功知浦城縣改倅建安方臘竄入寇俱為廣文所敗嘗出獄囚使破賊贖罪積官朝散大夫

廖天覺 列福州名宦

廖天覺字仲先順昌人紹聖進士知餘姚縣屬

行方田法天覺簡其事目民甚便之調古田處償逋負所為條教民皆服從後以朝請大夫致仕

賴紱

賴紱字冕仲清流人紹興登第先是邑有巨盜與紱繼父有仇欲害其孫紱冒死往請賊義而釋之初尉程鄉諭賊解散後秩滿將歸賊謀復聚親造其壘衆皆感泣歷鎮南軍推官知南劍州漕司屬抑配敷民塩紱堅不奉命終清遠軍

節度判官

吳剛

吳剛字稚山晉江人教授陝西邵二州州僻陋人不知學剛治舍親授經諸生知（原本有誤）後夷陵卒州人廟祀之

楊汝南

楊汝南字彥侯龍溪人紹興進士歷贛廣二州教授用薦知古田政以教化為先汝南有志學古篚仕即以廉平自勵所至有聲與高登友善

鄉居講學户外屨常滿也

羅烈、

羅烈、字子剛長汀人建炎登第同安尉以平楊勍寇遷興寧令會有寇突入執烈去以理諭之乃送還邑各縣散無何賊復合烈躬率兵擣其巢還所俘二百餘人終宣教郎知廬陵縣

儲用

儲用字行之晋江人淳熙進士知建陽縣有惠政朱子稱之學禁起罷去後經舊境民方苦繆

令擁其車入縣大呼此儲長官也好做樣子擢守光化移襄陽鄧民樊快明率衆來附制司約回且欲勦之用請于朝謂非宜且貽書制閫極言之制臣大恚坐是罷歸海寇犯境與泉守真德秀謀討平之後起直華文閣知廣州未上卒也

陳震

陳震字省仲晉江人淳熙進士知甌寧縣歲飢勸分捐俸爲倡再令新建以新楮婦餘代丁戶

輸租民德之通判饒州知韶州捐憲卻例券数千緡召為軍器監丞遷太府丞奏減二廣丁錢繕邊郡城壁乃祠歸卒

葉立志

葉立志莆田人淳熙進士南安尉縣檄驗視屍無首焚香籲天夜臥屍側夢告首投溪北殺人者逋潮之小江明發俱獲之人稱其神政知上饒縣有廉聲官終惠州通判子袞通判泉州

江安止

江安止字元静建安人南渡初知麗水嚴於治盜郡郡寇至自率丁壯禦之秩滿民乞再任及代還吏民盡泣送出境

黄子游

黄子游字叔偃浦城人紹興中知池州撿六邑税籍青陽偏重歸覲奏之命下税如五邑百姓鼓舞建祠祀之

徐光實

徐光實字德充晋江人建炎登第知海塩縣元

旦縱獄囚歸囚感激如期皆自詣知英州受代以月五日郡例新舊俱支俸光寔謂己替則不事〻俸可两給乎終拒不受徙連州嶺表廉吏惟光實一人

薛舜俞

薛舜俞舜庸者同安人也紹熙間兄弟相繼登第舜俞為江西漕幹尋改架閣忤時相罷歸起江西常平幹官佐其長李道傳出賑多所全活改知金華縣守督宿逋甚急舜俞引古誼力爭之

竟齟齬仕路而歸舜庸龍溪尉分寧丞知古田縣與兄齊名通判興化軍未上卒

魏必昌

魏必昌字世復晋江人弱冠尉懷安能以禮法折豪家訟田二豪皆服移興化録事有挾中官勢囑必昌鬻無辜逮獄者怵以危言終久不為動

吴一鳴

吴一鳴字伯大南平人紹定進士益陽尉用薦

調德化令復移長樂始至帑庾蕭然縣上鄉官寄庄田粮吏不敢督責時參政陳偉在朝一鳴挺其家幹督課甚急諸勢家聞之悉輸納遂至充溢邑盧尚書被刼得賊所遺刀一鳴召鉄工示之迺知盗主名色覔之從人也計擒之一訊而伏人以為神後為仇家誣去行李蕭然邑人號哭載道事白調臨安府僉判官終浙東帥司機宜

余克濟

余克濟安溪人慶元登第尉候官有豪家求尉廨及教場廣其居帥許之克濟力持不可移浙西常平幹官用薦知梅州梅境盗起或勸徐行克濟單車就道卒八十

陳衡

陳衡字季平龍溪人乾道進士高要尉以捕寇功進知寧都縣守留正薦于朝歷福建帥幹知廉州請祠不報改知宜州復請祠以去慶元初召至京著十論以禪廟議除知興化軍有攜權

貴書求館客者衡寧獲戾不用官物餉人增羅
備荒郡人祠之子孫皆入仕籍

楊夢齡

楊夢齡字子壽晋江人父世永死事夢齡年十
四憲臺以侍父當録夢齡請改奏其兄登紹熙
進士瑞安丞攝縣事歲疫聚病者千餘于僧寺
捐俸資藥粥日親往視衆賴以活復開塞河數
百里後令自叙其勞夢齡悉讓之知平陽縣河
患捐俸修營斗門民生祠之薦改臺職未命卒

于旅邸縣人罷市巷哭裒金入都護喪以歸

劉用行

劉用行南安人昌言之後也嘉定進士歷知零陵巴陵二縣皆以治最魏了翁之貶渠陽也謝絶僚史入謁獨用行扁舟詣之與語竟夕通判道州單車諭蠻寇解之除知桂陽軍召為太常博士知潮州以忤提刑上章自劾坐調知贛州尋卒

李忱

李忱字誠之晉江人知黃袁二州俱有惠政累遷大理丞修獄例主於矜恤遂着為令權戶部侍郎乞正鄧友龍蘇師旦罪除集英修撰知靜江府移建寧梵官道百二里以避灘險奉祠久之卒

趙公迥

趙公迥字仲和晉江人宋宗室也紹興進士汀州戶曹郡卒群譟于譙門繫錄曹某公迥撫定之仍白守將誅其首禍者十餘人知邵武軍以

留正薦召對改南外宗正攝泉州事爲政簡靖
無敢干以私陞直秘閣卒年八十三公迥既貴
不營居第宿盤龍僧舍晏如也

陳洽

陳洽同安人慶元登第歷知懷安漳浦溧水三
縣判昭廣二州在昭攝郡二年司臬推與之稱
其廉寶慶初家居郡守真德秀言洽文章根於
理致政事發於慈祥

趙善恭

趙善恭字作肅邵武人宋宗室也年十九選授承節郎歷監新城寧化酒稅乾道進士改官至司農卿為吏廉平所至有聲開禧用兵力言不可忤當事者出帥三鎮守江夏拜宣撫司以安靜為治去鄂有雇夫錢六千餘緡悉歸公帑澹然無慾經史外一琴自適而已卒年七十

趙善佐者亦宋宗室也初學于張栻又從朱熹遊補承節歷將樂丞武安僉判知泰州徙知常德府後知贛州居官奉法不妄費公家一錢挾

私干請皆不為動在贛禱雨賑饑必盡其心力又捐逋負寬酒稅人甚便之知常德時罷使臣掌牙兵歸其職于兵官營部肅然州人詣使者言其治行善佐力止之太守德薄不能宣布德意父老幸不予罪其亟歸諭子弟則予尤幸矣㵪暑道遠無苦父老為也聞者感泣始至贛以書問師為政所宜行之踰年卒贛人走哭皆失聲歸葬邵武朱熹銘其墓

曾賀孫

曾賀孫字景卿晋江人淳熙中丞懷安知崇安縣直蠲户錢歲二百萬嘗募舟濟溺爲粥鋪餓者發義倉以貸自輟餐錢償之使者上其劳以勤民事卒

劉克遜

劉克遜字無競莆田人克莊之弟也父任補官調古田令以救荒捕寇著績歷知邵武軍改潮州奏蠲丁銀葉適趙汝談每稱其賢弟克剛泉州録条真德秀薦知沙縣後知惠州爲吏廉平

亦如乃兄

宋慈

宋慈字惠父建陽人歷湖襄提刑以朝請大夫直煥章閣帥廣東嘗作洗寃録

林霅

林霅字德甫莆田人父滦之紹聖中爲福州節度推官有能名霅歷知錢塘安吉二縣通判福州朝議討僧給食籍餘財輸户部霅白府帥張澄閩地瘠民貧寺觀籍户部不足即加賦於民

爲請於朝罷之遂免橫歛終朝奉郎

趙伯湯

趙伯湯字致遠太祖七世孫也居泉州乾道進士知瑞金縣薦知南恩州下車蠲積逋萬緡減丁米額以寬民力改德慶府歷廣西提刑廣東轉運知漳州蠲鬻鹽宿逋以羨錢造浮梁便行者

宋鈞

宋鈞字茂洪莆田人紹熙進士晋江尉歷僉判

廣德軍究征賦源委請于部使寬其額知南海縣通判饒州累遷左曹郎總領江淮軍馬錢粮寇入光州請下詔進討又請籍江淮篙工别造經艦數百艘于乘石瓜洲以備策應多見採納遷司農少卿後再知泉州講荒政除山海雜物税民畫像祀之除復顯謨閣廣東經畧進秘閣脩撰卒

方芹之

方芹之字子寔更名泳之莆田人淳熙登第教

授衡州改知南豐縣前令黄某恃其兄御史頗貪恣泳之至樽節浮費罷科斂人甚德之後知巴陵以治稱泳之好學性廉介不肯俯仰於時也

莊方

莊方字邦直晋江人隆興進士富沙鎮官莆守擅放民租有詔漕司覆之判官王某言其虛誕沽名方以汲黯矯制對謂減放皆寔惠守得釋為福建撫幕或請更塩鈔事下帥司方歷陳不

可遂寢知昭州改瓊州政尚廉靖坐累罷歸起參議京西卒子柟任補信陽州判柟守事全圍信陽與戰破之改知羅山屢有建革終知峽州江東參議

蘇洸

蘇洸字澄老仙遊人以父欽蔭尉餘干知臨川縣有述陂久廢諭富民分治之捐俸代輸經錢秩滿質錢治裝倅賓州帥張栻檄攝桂郡有武弁陳某者以貲得邊吏交通諸蠻納賄鉅萬事

覺逮獄當路有為之地者屬洗治之辛正典刑知雷州秩滿赴闕面奏三劄孝宗嘉納除知新州民歌之移封州首請減放丁米及經制無額之數復除辰州尋乞歸年七十八卒

傅大聲

傅大聲字仲廣仙遊人誠之仲子淳熙進士福清主簿帥辛棄疾檄鞫長溪盜釋株連五十餘人知武平縣通判循州冦至守託疾不出大聲調度兵事屢有戰功尋為其守在循四年民生

祠之秩滿乞祠以去官至朝奉大夫子瑜通判

静江府

趙悰

趙悰字彦忠晋江人福建運幹請寬恤灶户均其額知惠州核吏爲乾没者斥羡餘惠民歷提舉常平卒子惠守南恩州

葉棠

葉棠字次魏仙遊人顒之孫以祖任累遷邵武知軍遷太府丞丐外知台州紹定元年大水城

幾沒崇昌風雨與城存亡明年水大至城陷崇請于朝借紹興官會五萬貫米二萬石助賑仍乞免本州諸稅賑饑築城殫厥心力遂絕水患民相率立祠繪像上嘉之增二秩進直徽猷閣知紹興府充浙東安撫使屢以祠請改知太平命下尋卒子彥柄歷司農丞知邵武軍

趙善曠

趙善曠字文彬宋宗室也居龍溪慶元進士連江丞攝縣事脩常平倉興水利賑貧乏調保昌

時獲刼盜善疆疑其非辜物色之得真盜會有冦警設伏浚濠賊知有備遁去倅潮揖郡事秩滿致仕弟善封

善封

善封字德可慶元進士知寧德縣務農興學吏以催科呈押輒叱退乃具逋數揭諸市門過限不輸國有常憲民感其意課更以最邑鬻鹽計户抑配善封亟罷之守封州加意撫字持身尤潔大帥楊長孺贈以詩清如玉壺氷澹若朱絃

瑟

陳珙

陳珙字子重晋江人嘉定進士永春丞守真德秀辟爲郡幕授西外睦宗院教授尋知永春寇退之後究心民瘼有旨蠲租州縣多不奉行珙樽節月費爲錢入千緡以補之遷兩浙運管卒

鄭輪

鄭輪字景行德化人嘉泰進士保昌尉獲盜不受賞知龍南縣邑上鄉隣山峒舊不輸租一日

有數十葦以長鎗揭錢而入吏詰之曰有好官長頤為正人知南城縣江閩盜起輪悉心撫循無附賊者卒官知循州輪篤行能以廉終其身

陳光祖

陳光祖字世德莆田人希造之子也叔父希與以父吉老任積官梅陽守光祖以父死事補官歷知英德府奏蠲上供以寬民力改知邕州以恩信招徠山峒息其釁端峒酋李萬雄久為邊患光祖計擒梟之以狗事聞除廣東提刑作矜

恤編以諭僚屬積官朝奉郎子沂自有傳同邑人陳大亨紹興進士累官泉州通判歷五任寓僧舍以居泊如也

鄭思忱

鄭思忱字景千安溪人精尚書從遊者常百餘人嘉定三年鄉薦居首知新興崇安二縣皆有惠政歷知南恩州浙東叅議以火災上封事除監登聞鼓院卒思忱豪爽晚益和睟不負所學

陳可大

陳可大字齊賢仙遊人父汝器以貲產遜其兄一夕飛錢滿户與妻朱祝天願一子光顯門户無以錢為也可大登進士再調泉州工曹龍岩上盜七人當死可大明其非辜知長樂大脩陂塘縣人頌之卒官知肇慶府初仙遊學宫久圮可大募金營作以餘貲買田為後日葺治計又于縣南造仙溪橋為邑人百世利子伯玉邕州通判仲珪漳州通判皆用任叙

陳表臣

陳表臣字正甫永福人乾道武舉歷知宜州經畧張蚧誣帝文仲等六十四人以寇邊邀功冀之大辟表臣按其非辜得釋

虞大中

虞大中字仕朋崇安人乾道進士歷知新建縣通判汀州皆有惠政嘉定間知循州改南康軍吏白帑羨爲緡萬入于守大中峻拒不受官至朝散大夫

胡翔卿

胡翔卿字仲集武陵尉旱饑人相食翔卿請于郡勸分減賦全活甚衆後遷橫州判官嚴治採生其害遂息

翁熙

翁熙字正之長汀人淳熙進士袁州戶曹三辨疑獄守欲上功熙言某受賞則前鞫者獲罪力辭乃止檢視旱傷徒步阡陌又勸分爲賑後㑹倅事卒于官

李華

李華字寔夫崇安人嘉定進士連州法曹翁源
令政聲爲諸邑最後倅安豊以功除知汀州進
直徽猷閣知潭州兼湖南安撫

鄭至果

鄭至果字子則晋江人嘉定進士福清尉復除
永福被檄揖令閩清永福二邑皆治知建昌縣
盡刷前令預借之數給鈔還民後産瑞麥民生
祠之歷知梅州治行尤著

鄭格

鄭格字廸民福清人淳祐進士歷建寧司理有清操景定初授廣西察推其操益勵所親規之氷蘗逈何以為出嶺計格曰既能入嶺豈不能出嶺改知攸縣卒

李大訓

李大訓字君序閩縣人父士龍以直秘閣歸老為里人所矜式大訓初丞廬陵歷知安遠龍泉歸善三縣清心省事因俗為政論者謂儒而不腐吏而不俗云

林介卿

林介卿晉江人咸淳進士尉漳浦遷羅源令民爱之如父母再調龍巖時巨寇出没介卿脩西寨積粟練兵號令嚴明寇不敢犯彰孝節厲俗有古循吏風

徐賜

徐賜字天錫順昌人元汀州路掾史武平有僧殺人逮繫甚衆賜召諸僧庭詰之得殺人主名餘盡獲釋陞建寧西安巡檢有捕寇功進寧德

縣簿先是官鹽計口取直增常課什之五公私俱困賜白部使爲減常額民刻石頌之以延平路推官致仕

論曰人言疾風無舒翼急湍無縱鱗宋自新法釀禍北轅二狩南渡一區歲幣軍需物力造匱榷貨加賦靡所不至即民間醯米鹽細碎繩以重辟人生斯時釜中魚也諸司牧佐國家之急如張琴瑟不令絶絃輙從寬政上下稍舒非仁心爲質孰能當此者乎

陳祖

陳祖字富文長樂人洪武初以明經薦丞新繁歲大疫祖省躬脩政有嫗哭孫于道甚哀祖偵知其為蛇所吞也令具狀移牒城隍旦日有群蛇集祖廳下祖言無罪者去有大蛇獨留伏劍隕首民以為神後擢光山令

王堅

王堅字子正長樂人洪武初應薦入京試高等

授湖廣按察僉事言事左遷知州復徵翰林待詔除刑部郎中又以直言忤尚書開濟出為嘉興府同知至則問民疾苦剗除弊政出女囚六十二人未三月放歸田里

陸引

陸引字惟遠羅源人洪武中用薦召對稱旨授象山丞給以符引視事鋤强植善吏畏民懷常俸外計口種蔬家人不知肉味甫二載以積勞卒先一夕城隍守祠夢傳呼新城隍蒞任視之

陸丞也覺亟走縣問之引属纏矣

趙明

趙明字景純閩縣人洪武間由太學擢監察御史言事忤旨當刑上奇其狀貌釋之黜為民永樂初訓導閩清擢知上饒縣正俗均賦化行盜息卒于官無以為斂邑人治其喪立廟祀之

王孟

王孟字文浩福清人洪武中以明經教諭如皋

改鹽城擢國子博士永樂初為大理評事
上書蔡軒二字賜之出知沔陽有惠政召脩大
典卒于京孟性切直居官所至以清名

鄭玿

鄭玿字孟文福清人洪武乙丑進士監察御史
言事忤
旨出知吳縣吏民畏而愛之以治行卓異復徵
為御史按廣西卒官

羅經

羅經上杭人永樂進士歷御史官終浙江按察僉事初經知河南淇縣持身廉慎為政重農事嘗教民以桔槔溉田至今賴之

林真

林真字汝寶閩縣人永樂鄉薦知慈溪縣秩滿調江寧畿縣也嘗上書言事上嘉納之以疾丐外復知宜興所至愛民勤事妖賊龔伯諒伏誅株連甚衆真所辨釋八十餘人

吴瑾

吴瑾，政和人。洪武間，推官常州府。在官六年，民幾無訟。以考最卒于京，郡人哀之如喪私戚。

彭僖

彭僖，崇安人。崇德丞。縣水陸之衝，號難治，僖賛其令行愷悌之政，民歌之。致政歸，攀送不絕。

李勝

李勝，南平人。以楷書薦録《永樂大典》，書成，乞歸侍養。期登賢科，已而領鄉薦，授無為州判官。在

州蒞事公勤雅崇儒術民德之肖像祀于李冰祠

佘耀

佘耀字叔炫莆田人永樂進士知進賢縣清介勤敏力止上官市易秩滿九載行李蕭然民刊石頌之以母老歸省少師廬陵楊士奇薦用為府通判署泰和縣豪右不能撓人呼石佘政鐃州卒官時莆人有鄭先與何誠俱稱良吏先與以鄉薦知天台誠以太學生知虹縣二縣人皆

有恩

王暹

王暹將樂人洪武鄉薦歷興安靈川教職有作人功擢國子助教能舉其職進翰林檢討編脩

王昇

王昇字日初龍溪人永樂甲申進士改庶吉士知安福羅田二縣皆有惠政入為大理寺正錦衣有張千户者以冤繫獄昇辨釋之後昇過建溪觸石舟幾覆適張千户倉皇來救人以為異

擢撫州知府九載致仕初昇官京師漳教授陳思賢被逮論死爲位哭之所寄金盡還其家

鄭懋中

鄭懋中以字行晉江人知程鄉縣爲政寬簡民歌之邑鮮知學懋中有作人功卒于官民哀之立像漢令曾芳之祠

林時

林時字學效莆田人永樂進士爲陝西按察僉事屢辨疑獄陝地寒少布時奏諸郡餉邊粟聽

民以布對輸戍卒至今便之又奏立武學武弁子弟得由科目以進遂著為令陞貴州副使

鄭珞

鄭珞字布玉閩縣人永樂進士改庶吉士授刑部主事宣德初

上重二千石選擢珞守寧波賜

勅寵之珞嚴明而敏于事在郡數年均賦節用猾胥縮手不敢為姦利百廢具舉政通人和又濟以儒術延接聽納不以人廢郡大治囹圄幾

空久之以憂去閩郡奏留
詔起視篆後陞浙江參政未上卒寧波人至今
思之珞有文名又長于詩

方鯉

方鯉莆田人永樂進士授御史在臺有聲歷知
彰德紹興二府所至有聲號良二千石正統中
致仕

江貞

江貞建安人永樂進士禮科給事中以面赤謫

吏部察院後除龍游知縣有惠政卒于官民至今頌之

曾斌

曾斌字士斌古田人永樂鄉薦知遂昌有惠政正統間家居寇至竄避山谷為賊所得有識之者此故遂昌令也未嘗一毫妄取顧語諸賊羅拜而去

陳復

陳復字昌初懷安人永樂進士歷戶部郎正統

初知杭州廉明簡靖杭人安之公暇讀書堂上或與群史講律令會以憂去乞留者数千人詔起視篆未幾卒無以為斂民競致賻其孙不受曰吾父生平若何豈其死也以貨污之按察使軒輗為歸其喪

顏瑤

顏瑤龍溪人永樂進士知四會縣興利剗弊留心學政稔嶺南獨步以遷秩行邑人思之

葉先

葉光閩縣人永樂間薦爲南海簿攝邑廉明吏不敢欺民歌之南海簿性不貪百鳥鳳人中雞光所居山中以詩名

陳安

陳安字克成晋江人永樂進士歷工部郎中知衡州府爲政清簡值歲饑安不待報開倉賑恤改重慶患足疾欲歸民遮留之扶杖而治者二載竟以疾歸卒年八十

朱實

朱實龍溪人永樂間知鄒縣公勤廉幹賦役均平秩滿民奏留復任卒于官立祠祀之遂瘞其地

陳仲進

陳仲進字伯康長樂人洪武中爲宜陽丞攝令孟津調韓城久之擢知江山縣仲進有節操所在著聲後坐事被逮卒于官歸櫬過江山邑人灑泣留衣冠瘞其地

陳真

陳真將樂人太學生歷饒州通判揚州知府緩刑尚德禱雨隨應有古循吏風恬淡居官種蔬自給

趙應

趙應字孟敬晉江人以諸生謫吏宣德間南安典史用薦知浮梁縣吏畏民懷縣東南有青峰渡灘水湍悍恒覆舟應具牲醪為文以祭水神其患遂息秩滿民奏留之

詔陞六品仍知縣事再任三載丁內艱歸尋卒

孫賦

孫賦字國秀福寧人正統間由太學生知龍川縣務農薄斂敬教勸學居數載增墾田數百頃奏蠲屯田倍徵米伍百餘石黃蕭養亂有捍禦招徠功民懷秩滿致仕卒年八十七

方值

方值字孟周崇安人洪武間以諸生謫吏授萍鄉典史改豐城所至以能稱召入文淵閣纂脩歷知海寧新鄉二縣徵為監察御史以忤權貴

謫知新喻卒

王旒

王旒將樂人太學生知萍鄉縣廉慎公勤民德之時議增邑丞頫督賦稅旒懇疏其病民乃已秩滿遷兵馬指揮

滕康

滕康字景晋甌寧人由鄉薦通判松江府正統初改惠州郡厄洪水復苦海運康力為申請得改近輸又除虛稅病民者廣州寇起康脩城嚴

備與民同守禦偵知遠去藩臬交薦擢守本郡領郡凡十餘年政績尤著

鄭照

鄭照字孔昭仙遊人正統間由太學令安遠改德安以節用愛人為先持身如玉雪都御史韓雍太江西僚吏稱照廉平第一未幾致仕歸柯潛贈以詩間曰撲蒲早貧為守官廉

陳璣

陳璣字福清人椽授進賢倉大使正統初用侍

訢趙新薦擢知高安縣璣長于治劇先是邑遠民不附璣至示以恩義率繩以法境内帖然

鄭同

鄭同字本初閩縣人景泰進士知安東縣改祁門擢太僕寺丞卒官同清簡愛民無赫赫聲既去安東人樹楔題一清以表其操

李燦

李燦字子珍福清人正統進士知萬載縣調判衡州燦居官寬猛得宜訟獄衰息所至延禮諸

生都御史韓雍薦諸朝尋卒于官橐無餘貲

張濬

張濬字文哲閩縣人天順鄉薦教諭寧國改四會擢知饒平縣卒官濬學有實用其治饒平興學勸農人不敢以私干之鄉民有橫于里者曰斗者濬繩以法民大悅初濬之教四會也有海寇濬以策干總兵陳銳督府識其名至是廣寇充斥檄濬督四邑兵禦之賊平濬卒功未及錄後櫬還家橐空矣饒平人祠祀之

李熚

李熚字文輝閩縣人成化進士授監察御史歷官常德知府郡有大偷群小偷附之歷数守不能詰熚至寘于法人民咸悦武陵邑當四達困于供役熚為區劃疏請旁州縣分其勞費民尤德之子賓通判韶州曾孫子洵國子助教

王顗

王顗字仕鑑南平人邑諸生正統間例升太學天順初任府軍右衛經歷督粮清慎都御史軒

軏薦之擢貴州按察經歷巡撫秦敬檄題視分巡纂秩滿致政歸以壽終無以為殮士大夫至今稱之

林元美

林元美閩縣人名鏐以字行永樂進士令上猶用薦知寧海州擢守撫州二年丐歸子瀚已入翰林元美弱冠登科歷郡縣四十餘年寬嚴並濟賑飢勸强屢有論列所至祠祀之在寧海途遇二僧盜也亟收之乃他郡越獄者元美子孫

象賢四世保卿

袁達

袁達字德孚閩縣人正統間貢入太學授陵水令達性愷悌又精醫民有疾病躬至其家療之生平於勢利澹如也卒年九十子宗擢孫表俱知名

林渭

林渭閩縣人正統間令海豐吏民不忍欺為縣三載庶務一新

丘策

丘策字載道懷安人成化七年鄉薦知廣東英德縣脩舉廢政民心悅服

論曰陸丞下邑小吏

高皇帝給以符勉其盡職鄭寧波奉璽書之郡

宣宗又以御製招隱詩賜之其重守令如此哉夫仕無崇卑上之所貴天下莫不貴也士爲知己者用況萬乘之主屈節禮之所望冀安元元而臣下有不知竭力奉公以應其上則非人類

也嗚呼國家之所以多良吏歟

田嵓

田嵓字景瞻晋江人成化進士歷南户部主事驗封郎中知寶慶府歲飢發廩為粥全活甚衆楚田多閒曠嵓發金陵郡市麥種千斛教民樹藝麥秋至民甚德之嵓為郡有循吏風以二親垂白丐歸足跡不入公府時論重之

田崑

田崑字景玉嵓之弟也鄉薦知均州歲飢軍興

崑撫循有方流移復業時武當守祠中貴人貪膺崑裁制之不得逞例州官朔望朝宮道流出迎中貴故令不為禮伺崑答道流遂毀醮壇萬歲牌誣崑悖逆無人臣禮逮繫至京逢瑾用事欲寘重辟大理燕卿者力疏其枉得釋削籍歸均人歌之太守憂民苦奮身抗猛虎直道古難容名位棄如屣

林正

林正字克全莆田人成化進士監察御史自山

東抵儀真河道两岸植栁庇行者為固其堤圩又出帑金成梁十餘按蘇松墨吏望風屏跡同邑方珪亦進士御史按蘇珪與正皆有志操相繼夭歿士論惜之

陳爵

陳爵字良貴南靖人天順進士知揭陽縣時山海盜起各據要害爵詣賊諭之不從下令撤廬舍以其材列柵城外乃築城濬濠為固守計未幾海寇人至爵擐甲矢為士卒先賊知不可犯

引去爵在揭陽拊循安輯治效大著擢知韶州府改高州踰年卒揭陽立祠邑有王廷烈者捐田伍十畝以供祠祀

林永齡

林永齡莆田人天順初以諸生例升國學教諭翁源興學作人貧者助衆病者與藥物秩滿九載署英德縣事先是邑有寇亂永齡至縣悉心存恤縣治復舊又築城建學邑人深德之尋卒于官翁源英德二縣皆祠祀之

李孟誠

李孟誠泰寧人天順間以太學生令廣東長樂獞猺掠其縣孟誠挺身勦寇民賴以安未幾憂去服除改令仁化長樂人建祠以聞于朝詔旌其門後致仕卒年七十四

吳義

吳義政和人景泰間知零陵縣有清操吏畏民懷内艱歸行李蕭然贈賻一無所受服除乞歸

李珙

李珙，南安人，知蕭山縣，嚴禁溺女，其俗稍革。景泰初，以父喪去任，服除，改知懷集，後乞致仕，以壽終。

俞文

俞文，漳浦人，常州府照磨，廉介不阿，能舉其職，以老丐歸。

張榮

張榮，南平人，貢入大學，成化初知星子縣，招徠

流竄括閒田使樹藝諭富民助牛具種子復業者衆爲令九載民懷之擢江西理問致仕

王俊

王俊字世英閩縣人成化進士改翰林庶吉士歷户部郎疏歸終養父喪服除知府袁州俊治郡持大禮脩學斥淫祠興水利爲袁人久遠計九載進廣東參政撫化猺獞爲編氓以疾致仕卒于南雄子道立登科

阮時懋

阮時懋字勉夫閩縣人成化鄉薦知宜山縣鋤强發奸無所畏避久之遷慶遠府通判鎮遠苦峒夷時出殺掠郡人聞時懋至曰鐵宜山也吾屬無恐時懋為設方畧又請築月閉土垣至今賴之擢思明府同知未上卒

陳日光

陳日光長樂人成化中為海豐丞鋤强舉廢綽著能聲邑人紀其事于石

謝寧

謝寧字安世惠安人成化進士知揭陽縣改江陰邑稱富饒寧操愈勵歲旱齋浴素服徒步拜禱山川雨如注後值潦水歲祲又出粟賑貸寧興利便民不苛刻立威居六年入為刑部主事卒江陰人廟祀之

謝天錫

謝天錫字廷爵福清人正德戊辰進士授行人擢監察御史按北畿廉公有威衡水及魏縣苦洪水稅粮多逋寧命開渠數千大邑人刊石頌

之再按廣西卒官

陳隆

陳隆字文昇永安人弘治鄉舉知潮陽縣興學勸農節傳費革左右侵漁政平訟理致仕歸潮人生祠之隆孝友敦睦絶跡公廷年九十猶力學不倦

陳元憲

陳元憲字一亭連江人弘治鄉薦知崇明縣有施氏紐氏豪族也先是爭田各聚衆千餘懼誅

航海為盜元憲至諭令復業事聞有
詔旌之擢判臨江府大帽山賊掠郡縣元憲討
平之所俘五十餘人販商也被虜賊中守槩論
為盜元憲鞫實悉縱遣之元憲有吏材存心平
恕所在見思後遷雲南提舉以老丐歸子秉誠
秉謨俱領鄉薦謨為愽羅令有循政

高璧

高璧字德滋長樂人弘治鄉薦令安仁以勤民
事卒箧中惟敝衣數襲民哀而祀之璧性孝友

鄉人尤重其行誼于廷忠

廷忠

廷忠字允卿嘉靖鄉薦知奉化縣甫至列不便于民十餘事每下令必順民之欲不務赫赫名其邑大治嘗有饋海物者潛置金其中廷忠峻拒之亦不揚于衆時稱清而不許官終靖江府長史奉化民祀之

張仲源

張仲源字源潔閩縣人弘治間爲宿州判官有

操持政事通敏吏民畏而愛之

陳用明

陳用明福清人弘治間由知印授金壇巡檢被檄築堤勤于民事邑人德之擢主簿黄梅棄官歸嘉靖改元銓部召用之以老辭不赴用明雖起他途天性好義正德間林中丞高憲副定亂卒用明與謀議貧居委巷達官貴人數造其廬

黄璲

黄璲字純玉晋江人弘治進士知長山縣時山

東旱蝗隣境就食者萬計瑗多方賑濟有老嫗
子為商販死于盜瑗以計獲盜寘諸法人稱神
明歷户部郎守肇慶以平賊功進秩

鄭洛書

鄭洛書字啟範莆田人正德進士令上海少習
吏事嘗辨石磨沉屍以舟人褁頭巾遺其妻得
行刼狀政聲煒然入為御史两歲章四十七上
嘗論詹事張璁與閣臣費宏各持短長為朋黨
之漸又論李福達獄事忤

旨丁内艱服除復入臺為道長當國者据撫他事取旨罷歸逾年病卒

左濬

左濬字希哲寧德人鄉薦歷餘干訓導知仁化高要二縣高要兩廣之衝供億旁午濬為令專集而民不擾擢判惠州府撫循有方擒巨寇巢穴平之遂致仕歸

楊表

楊表字汝中龍溪人正德進士歷南戶曹胥儲

鳳陽代去軍民赴京奏留者百餘人知長沙雷州二府所至有惠政轉浙江運使浙人每言三十運長無如楊公清白者終廣西叅政

張文造

張文造古田人正德鄉薦知新寧縣新寧盜藪也文造有方畧始設鄉長統轄之村長分轄之民間少有不法文造輙知以故盜不得逞民安席而卧未幾卒官邑人哀之

林墰

林墰字世崇莆田人正德鄉薦三歷敎職勤課講擢程鄉令時徒父富椿撫兩廣例改泰和邑俗好巫多爲厭勝值蝗災旁邑爭禳之墰言自有術以禳不須巫爲也迺省咎緩賦弛刑蝗竟不入境卒于官子雲同名鄉有傳

吳世澤

吳世澤字宗仁連江人嘉靖癸未進士知江西廬陵縣歷南禮吏部郎嚴州知府廣西按察副使致仕世澤有文武才性愷悌令廬陵有惠政

守嚴值洪水漲溢拯救有方民免魚鱉歲祲勸分賑貸全活甚衆拓黌官集郡士秀者身為督課嚴人士至今思之立遺愛碑祀名宦以子文華貴累贈右都御史兼兵部侍郎

林華

林華字廷彫莆田人嘉靖進士歷戶部郎坐累謫六安州同改判長沙擢知鎮江府華所歷州郡皆有實政鎮江有殺人者富室也數以賄緩獄事華立寘于法時宰夏言復以獄事為託華

持不可言㬋按吏誣奏其激變逮赴
詔獄鎮江人士哭送者萬計華至京力辨得釋
罷歸鎮江人為立生祠華家居十五年足不踐
公廷蔬食不預燕

王德溢

王德溢字懋中連江人嘉靖進士歷御史官終
廣西僉事先令蕪湖慈溪二縣皆有惠政及為
御史以申救建言同官併落職屏居石門山中
十年復起巡按東粵風裁尤著以論劾執政私

人左遷徊翔巖松二郡南刑部郎中轉僉事未赴卒家居創議築城與同邑吳世澤力請當路成之鄉人德焉

曾汝檀

曾汝檀字惟馨漳平人嘉靖壬辰進士南戶禮二曹郎知撫州府汝檀質厚能以儒術飾吏治建祠立塾孜孜與諸生講明性學以忤當路謫守南寧々々荒服也居郡半載士民亦從其教未幾懇乞歸養復除安慶時

景府以皇子就國道經皖城城議拆城西餘家為行宮檀言行宮居旦夕數百年民居可毀乎遂改作城東開曠郡人大悅尋陞山東運使踰年卒官

李德用

李德用字子乂莆田人家貧力學以往哲自期待嘉靖庚子鄉薦教諭浙東太平縣勸課多士俸外饋遺毫無所皖值倭寇至佐令駐守有勞壬子歲擢廣東長樂知縣殫必詢瘼甫周歲政

聲籍籍攻苦茹淡有寒士不能堪者滿六歲不遷引疾乃歸章數上乃允憲副殷從儉廉其清約檄縣以百餘金為道里費德用固辭不受未至家卒縣人聞訃巷哭盡哀以所卻金建亭旌之又立祠縣左歲時嘗蒸不絶子多見甲戌進士吏部正郎浙江參政

黄嘉賓

黄嘉賓字子陽崇安人嘉靖進士令常熟永嘉自勵不避貴勢計擒巨盜吳宗蔸杖下一方獲

安又召其子及群黨濬河自新歲飢賑濟有方擢户部主事未上卒

論曰吏治稱漢世尚矣予稽文帝家給人足刑幾措孰循良名哉孝廟時朝政清明海内又安邊鄙不聳吏治蒸々漢世比隆嗣是權璫姦相蠹政行私鬻官州縣苞苴盛行加以疆埸多警土水繁興箕斂銖箕民不堪命君子當嚴急之時潔己奉公與民休息跫然為空谷足音予故表著之

黄碣

黄碣者閩人也唐末為閩小將用南方戰功高駢表授漳州刺史徙婺州為漢劉宏所攻棄去薄遊姑蘇董昌節度威勝軍表碣自副昌反碣諫大王挺田畝席貢輸之勤位將相不能盡忠王室而嬰一城為大逆碣請先死不忍見大王滅族也昌怒斥出之碣又遺書幕府李滔極言不可或竊其書示昌遂為所害及其家百口詒

贈司徒

王岳

王岳福寧人唐季以鄉貢升太學黄巢寇閩避地者從岳如歸乾寧中王審知屢辟不赴其子僭號復强起之遂投棲雲潭盡捨田于寺鄉人祠祀之岳死時妻林泣曰夫盡忠妾不能相從乎亦投潭死

廖澄

廖澄順昌人梁開平進士仕南唐累官大理評

事曹彬圍金陵急校書林特勸降澄言君臣之義不可廢也遣蒼頭歸報城陷自引决

龔慎儀

龔慎儀字世則邵武人父愈南唐太子太傅慎儀仕爲禮部郎中宋初入貢還國遷給事中開寶初太祖命持李煜書招劉鋹被執鋹亡得歸除駕部郎中歙州刺史江南平詔仍舊官宜春賊盧絳陷歙逼慎儀從己慎儀不可絳怒并其家殺之

蘇緘

蘇緘字直甫，晉江人，紳之從弟也。寶元進士，南海簿，調武陽尉，擒賊有功，累遷祕書丞，知英州。儂智高反，緘著屢戰功，授供備庫副使、充廣南西路兵馬都監，錫賚甚厚。至邕，大將陳曙以失律誅，緘亦坐貶。英宗立，復原官，知廉州。熙寧時，邕州交寇內訌，緘以羸卒二千城守，請救於劉彝，沈起皆不至。月餘，城陷，猶領傷卒血戰，亟還州治，盡殺其家三十六人，坎之，縱火自焚。寇求其尸不獲吏民被屠戮者萬餘人初緘債沈起劉彝致寇又不相救欵訴于上不可得爲榜于市詞極酸楚神宗大悼贈緘奉國軍節度使謚忠勇以子元爲閤門祗候賜都城甲第腴田千頃起彝並謫廢後交人謀寇桂州行數舍見大兵北來呼蘇城隍皆駭散邕人祠之元祐中賜額懷忠

曹覲

曹覲字仲賓建安人脩禮之子爲脩古後皇祐

中以太子中舍知封州儂智高反攻陷邕管趣廣州行至封州封無城可守或勸覲他徙覲言守臣有死言避賊者斬都監陳曄禦賊兵潰覲率從卒決戰不勝被執賊知其無降意殺之投屍于江時年三十五事聞贈太常少卿録其子四人妻劉氏避賊死於林峒追封彭城郡君贈脩古工部侍郎妻陳氏進封潁川郡君後田瑜安撫廣南為覲立廟封州

陳洙

陳洙字師道建陽人第進士歷殿中侍御史嘉祐中助司馬光疏請建儲且曰臣不敢為異日之圖遂仰藥死事聞賜錢百萬元祐初用光言官其子

薛奕

薛奕字世顯興化人熙寧中武舉第一授鳳翔都監元豐中以銀川寨之役死之贈防禦使官其子安靖用奕死事補官靖康元年（原本有誤）汴京失守安靖假河北制置使降于虜知海州事紹興初秉

間殺其守將舉郡來歸高宗給會稽田十頃妻以宗室女後除葉州刺史移知全州充都巡檢

林子立

林子立字伯與莆田人政和進士茶陵令靖康初募兵三千勤王至荆遇虜騎戰死事聞官其後二人

陳自仁字克廣莆田人宣和進士永豐尉建炎二年衛兵爲變遂犯縣境自仁以所部左右翼拒戰力疲援絶與知縣趙訓之皆死于賊事聞

贈通直郎官其一子

林冲之

林冲之字和叔莆田人元符進士歷金部郎守臨江靖康初以主客郎中副陳過庭被拘復逼仕僞齊皆不屈徙極北幽佛寺十餘年死之洪皓以聞

詔官其二子鄭樵有詩官似馮唐能老去節如蘇武不生還子郁字襲休宣和三年進士再調福建茶司幹官建州勤王卒爲變殺運使毛全

等郁往諭以義不從見殺事聞官其一子

劉韐

劉韐字仲偃崇安人元祐進士歷集英脩撰政陝西漕攝帥鄜延出奇解震武之圍夏人納款後知越州擊敗方臘拜述古殿學士歷知真定移福州湖北盜起起為真定帥單騎赴鎮諭賊酋降之金兵至城下以有備而退拜資政殿學士副河東河北宣武太原陷石入為京城四壁守禦使初虜之入真定也父老號呼使劉資政

在鎮虜豈至此金人聞其名必欲得之給使金營虜命僕射韓正館之僧舍曰金人議立異姓宜與家屬北去取富貴給召指揮使陳灌等書片紙有死而已令歸報諸子即沐浴更衣酌危酒自縊燕人嘆其忠瘞之寺西南遍題窗壁以識其處時年六十一越八十日乃就殮顏色如生建炎初

贈資政殿大學士謚忠顯

劉𩔈

劉領建陽人與韐同祖紹興間廣州盜起陷三水鎮領時為廣州叅謀帥兵勦捕後為淮東提刑金主亮趨淮東領死之

朱庭傑

朱庭傑字世英永福人崇寧進士建炎中為北海令攝帥金人入寇官屬俱遁庭傑死守城隅有水投以野葛令飲多死城陷庭傑死之勅瘞郡之桑溪源時羅源有余光庭大觀進士以光祿寺知南陽府死金人之難曾升入粟補

吏領戍楚州至昭信遇賊力戰死之

李偕

李偕字進祖邵武人深之子也崇寧初試禮部第一以黨人子削籍建炎初攝臨安府比較務州卒陳通脅偕以叛偕叱之遇害贈右承事郎官其一子永福有盧榕者宣和進士令安仁紹興初曹成為寇榕與子沂後先死之

上官悟

上官悟字仲達邵武人均之子也用蔭至秘閣脩撰京畿轉運使建炎三年副東京留守劉豫遣人說降悟斬其使虜兵攻東京急城陷死之贈右文殿脩撰官其子五人

楊世永

楊世永晉江人也以持奏名尉端溪紹興中寇犯郡境世永跨馬獨出所部從之行二舍永遇賊戰死衆皆號哭力戰無生還者

詔贈承務郎官一子後真德秀守泉表其墓曰

義烈

阮駿

阮駿字千里莆田人紹聖進士監稅台州方臘犯台州駿率兵禦之有功轉朝散郎建炎初除河南少尹兼西京留守金虜南寇駿與孫昭遠率兵拒戰不利收兵護神御殿以餘兵再戰又敗乃抱神御罵賊死之事聞

贈三官進朝議大夫同邑葉居中元符進士通判睦州到官與戰不利死之事聞官其二子徐

溉字叔清高宗幸維陽虜騎侵逼溉以國子丞護駕渡江死之紹興初授將仕郎官其一子

陳淬

陳淬字君銳莆田人紹聖初補三班奉職與西人接戰鳥原擒其酋主擢左班殿直鄜延路兵馬都監累遷武經郎宣和四年拜忠州團練使真定府路馬步副總管七年金虜入真定淬以孤軍禦之妻子八人皆遇害建炎八年辟諸軍統制擊金人於南華敗之擢知恩州賊有王善

者長驅兩河遂襲恩淬與長子仲剛拒戰賊飛刄及淬仲剛以身翼蔽死之明年善復圍陳州為淬所敗拜淬宿州安撫使李成叛詔以淬為御營使六軍都統淮南招撫使討之三戰三捷未幾金虜犯采石檄淬建康應援遂將中軍議伏兵葭蘆杜充不從虜兵犯板橋諸軍皆潰淬據胡床罵賊與從子仲敏俱死

詔贈拱衛大夫明州觀察使官子壻各一人

鄭柟

鄭柟者漳人也政和初充武學生詣鄜延總管劉延慶不用遂於洛川從別將鄭建雄赴大理河與夏人接戰積功補承信郎移汀州黃土寨巡檢盡殲諸賊金人入寇柟請立功仍充鄭建雄偏將屢有戰功靖康元年虜圍京城柟領勤王兵力戰死之

曾孝序

曾孝序字逢原晋江人少以伯父公亮蔭監泰州海安鹽倉因家馬累官還慶路經略安撫使至

闕與蔡京論事不合到官京下結糴俵糴之法
盡括民財充數孝序歷數其弊京益怒遣御史
宋聖寵劾之削籍竄嶺表量移永州京罷相乃
授顯謨閣待制知漳州以論徭事與吳厚不合
落職知袁州尋復職乃知漳州道州猺叛孝序
夜遣兵被之進顯謨直學士召赴行在青州民
詣都下乞留許之會臨朐土兵趙晟聚衆為亂
孝序命王定將兵千人捕之失利而歸孝序責
以力戰自贖定擄敗卒斬關而入孝序據廳事

瞑目罵之遂與其子宣教郎訏皆遇害事聞
贈光禄大夫謚威愍訏
贈承議郎

林師益

林師益莆田人豫之子也兄師舜官中大夫靖康中守職不避虜盡室死難師益以父任補三班借職鷄澤縣尉論邊事留京畿副將金犯京師充將領訓練駐陳留講官楊時薦授正將守鄭州原武虜攻之不免既而虜自滑州渡河再

犯京師諸將皆遁惟師益固守劉韐與何㮚謀亟召師益入援行次封丘遇金迎戰俱捷明日金兵大至師益力戰死之一男若渊甫晬妻葉襁褓南歸六載方抵家若渊稍長痛父暴骨原野刻木招魂葬歸仙嶺有通直郎師皋者師益弟也亦以死事官其子

鄭立中

鄭立中字從之長汀人政和進士崇安尉討方臘有功改承奉郎知海門縣未赴適金虜入寇

擢行軍總管奉命募福建民兵數千轉戰而前收復數州移蔡州駐守虜再犯逆被害贈朝散郎子穆以父死事補官歷朝散郎徽州通判有聲

王佐才

王佐才字昌輔崇安人少遊邑庠范汝為叛佐才總義兵禦賊建陽以功補承信郎後為吉州水軍統領與賊對胡義　殊死戰中流舟壞而没吉人廟祀之

宋旅

宋旅字庭賓莆田人大觀進士知剡縣方臘之亂遣妻子浮海歸閩獨與民共守俄而賊至力戰死之劉韐上其事詔贈朝散大夫錄其四子

呂祉

呂祉字安老建陽人建炎初爲右正言以論事忤執政通判明州知建康府全人寇淮韓世忠退保鎮江祉乞親御六師駕至平江虜兵還尋

以刑部侍郎參議督府加兵部尚書參軍事總制王德郿瓊不協德既罷還祉密奏解瓊等兵柄有

旨召瓊赴行瓊遂率所部四萬人以叛執祉偕詣劉豫祉罵賊遇害

贈資政殿大學士時有得祉括髮之帛歸者其妻吴氏持帛自縊而死

黄璘

黄璘字邦美浦城人政和登第襄邑丞靖康初

全人犯闕分兵襲陷拱州迫郡縣吏為鄉導璘赴井死

贈朝奉郎官從子之為後者

翁延慶　蔡楙

翁延慶字德甫崇安人用蔭補官靖康初知聊城縣舉勤王兵至京師與虜人血戰死之

贈朝散大夫官其子世脩孫允明淳熙五年進士

蔡楙字子堅興化人襄之曾孫傳之子也

欽宗朝以父任尉會昌視事數月贛賊犯境檄
領鄉兵與賊力戰遇害
贈朝奉郎官其子顗後
贈朝散大夫

魏孝友

魏孝友字移可甌寧人入太學應
詔論時政凡十疏金虜犯闕
欽宗被留孝友作歌一篇辭旨悽惋傳亮勤王
赴闕辟幕府從事

高宗即位授迪功郎令定遠時群寇犯邑境孝
友出戰死之
贈朝奉郎官其一子
潘中
潘中守民極浦城人進士知長溪縣建卒葉儂
叛中團民兵備禦明年賊張甚寧德令告急中
夜赴之戰而見執遂遇害
贈朝散郎官其二子
魏可行

魏可行字當時甌寧人建炎初以太學生應募遂補右奉議郎假奉議大夫禮部侍郎充軍前通問使行可渡河見金人于澶淵因留不遣乃貽書金人詈以不戰自焚金人逼之北行飲鴆而死時紹興六年也後張邵來歸言行可執節歿於王事

贈朝奉郎秘閣修撰先是官其二子一弟至是復官其孫公壽

葉顗

業顗者仙遊人顒之兄也政宣間與顒徒步入京師並録太學會人入冦顗以武科中選授承節郎隨大將劉延慶京城東北守禦金圍城急顗召顒語吾已受命當死戰爾其歸養涕泣而别顗遂力戰死之

郭峣

郭峣興化人紹興進士調廣州司户禦賊馬上轉戰事聞官其一子

顏公袞

顏公袞字昇卿漳州人也以父戴補官為興寧令紹定間賊陳三搶逼縣境公袞與賊遇下車諭之不從厲聲罵賊遂遇害事聞贈員外郎民為立祠

黄復

黄復字乾叟延平人寶慶進士山陽尉用真德秀陳韡薦知興化縣改通判滁州與守陳廣協力拒金射殺虜數人虜中砲死復攝州事前後百戰而歿趙葵吳潛上其事為立廟子垕廣皆

從事郎

陳旦

陳旦者懷安人南唐左司員外守約之裔也嘉定武舉中翊郎江州統領歷知霍丘縣紹定中從陳韡平建邵寇歿于王事今祀南劍州

劉純

劉純字君錫建陽人以父蔭調沙縣簿紹定間為湖北帳幹時邵武有寇流刼諸州純間道歸散家財募義勇為討賊計撫州守王遂請于朝改

知邵武縣純將所部幷收郡之散卒軍勢大振建守趙訪乞移其軍從擊賊俘獲甚衆渠魁劉安國就擒翌日純率兵往招降下瞿為賊所得不屈死之事聞
贈朝散郎謚義壯立廟麻沙

魏國梁

魏國梁字君用晉江人紹定進士番禺推官陳三槍冦河源國梁以帥檄挺身諭降遂遇害事
聞

褒贈官其後一人

王大壽

王大壽者泉州左翼隊將也海冦王子清犯圍頭甚急守真德秀檄大壽領卒百人防遏猝與賊遇力戰斃賊數人援兵不至遂死之從死者五人賊既俘剖心祭大壽

贈官卹其家

陳霖

陳霖晉江人嘉定進士瑞金尉紹定中江閩東

廣皆被冦霖守職迎敵力戰冦縶以去不屈受害

姚望之

姚望之字肖吕寧德人初從高頤寶慶二年武舉趙葵辟為幕屬王師抵汴乘勝趨西京望之以汴河糧運不繼請息兵固壘備不虞未幾元戎班師歿於王事

鄭勲

鄭勲字景周莆田人嘉泰進士知博羅縣有戍

卒為變掠惠城直入其邑邑人俱遁勲坐廳事諭以禍福不從罵賊死之惟與之李昂英以聞贈朝奉郎官其一子

丁從龍

丁從龍者泰寧人也紹定二年率鄉兵禦賊以功授保義郎端平二年淮安城下與金大戰攻破土城勦復淮安轉忠翊郎是年遇盜于梧州懷集戰死有

詔贈官立廟祀之

論曰司馬氏言死有重泰山輕鴻毛用之所趨異也誠可以死仇牧得班于孔父可以無死微子者列子三仁仲尼所取要於其當不可使易耳藉令輕死非其所與臧獲婢妾盡無理而雉經奚莫諸君子捐不貲之軀慷慨赴義無為倖免庶幾哉能為重輕乎故悉列之為死事者勸

高應松

高應松字質甫長樂人寶祐進士國子丞權禮部員外郎元兵至臨安應松不肯草降表從官留者九人松其一也進端明學士簽書樞密從瀛國公至燕絶粒七日卒同縣陳覺伯與應松友淳熙進士泉州教授從幼主入廣宋亡不食死

陳龍復

陳龍復晋江人寶慶四年進士歷大理少卿文天祥開府南劍遷督府条議後分守湖州積儲繕兵天祥頼之移屯為元兵所襲死焉龍復所至以清介聞

林同史作林空齋

林同字子真福清人公遇之子也蔭官家居宋室將亡以先世邇龍圖學士埏知杭州椽直寶章閣為世臣圖恢復率鄉人黄必大妹夫劉同祖即其家開忠義局起兵復永福縣時王積翁

以福安降元寇約北兵屠永福必大仝祖等走他邑同盛服坐堂上嚙指血書壁生為忠義臣死為忠義鬼草間雖可活吾不忍生爾諸君何為者自古皆有死俄見執遇害也同女弟别有傳

朱牧

朱牧字子文閩縣人舉進士安溪主簿調隆興法曹宋亡死之鄉人謂牧生而有文歿而盡節私謚曰文貞延祐初在學宫

陳文龍

陳文龍字君賁莆田人咸淳五年進士第一鎮東節度判官崇政殿説書校書郎拜監察御史以忤賈似道出知臨安府襄陽被圍久似道陽請督師陰使其黨留己竟失襄陽文龍上疏言似道罪狀併其黨似道大怒黜文龍知撫州尋諷臺臣李可劾罷之未幾元兵東下范文虎迎降似道兵潰

帝悔不用文龍言起為左司諫尋遷侍御史時

邊事日急王熗與陳宜中不能畫一策文龍疏言其非累遷文龍叅知政事張世傑文天祥勤王俱敗績元兵至杭北閩外文龍請身督殿旅合江下義丁決一死不從世傑等以二王入閩文龍乃上疏乞歸五月

益王即位于福州文龍復叅政漳州叛命文龍以閩廣宣撫使討之民復歸附興化石手叛遂命文龍知軍十一月元董文炳至福州

駕趨廣東文龍依前官閩廣安撫大使散家財

募兵萬人即興化軍開閩已而降將王世強復
導元兵入廣建寧泉福諸州皆降于元知福州
王剛中遣狥興化文龍斬其使縱副使持書還
責世強剛中等遂發民兵自守十二月太學生
盧澤捧檄諭降文龍斬倸卒以狥澤乃逸去叛
將陳淵林華潛導元兵詭言來援開閩納之計
議官李珙首倡迎附小校黃泰躍馬突至設廳
稱
太皇太后詔逼驅文龍盡俘其家已去文龍至

福州不屈于文炳左右挫辱之文龍指其腹皆
義節文章可相逼耶尋引就館元帥唆都數喻
意以母老子幼不如納降文龍不為動乃械送
杭州文龍不食至杭而死母繫福州尼寺病無
醫藥左右泣下母言與子同死其又何恨訃聞
賜文龍
謚忠肅元至正間李文虎齋
詔訪求文龍子孫卒無應者

陳瓚

陳瓚字瑟玉文龍父從弟也宋季無意仕進賈似道債師文龍起執政瓚曰天下已危列郡團兵自守適足以餌賊為今之計宜盡召天下之兵屯沿江要害擇賢王與文武能臣分背之敵来併力齊奮猶可為也文龍憮然叔策誠善然柄國非人恐不能用是行也某必死之德祐丙子五月張世傑等以
益王即位福州十一月
駕如廣州文龍開府興化瓚出家財三百萬緡

海船為世傑贍軍世傑欲官之瓚固辭歸十二月叛將林淵陳華以興化降元文龍見執瓚曰姪不負國吾豈負姪即募丁壯部署賓客景炎二年二月晦以兵攻林華等誅之復興化軍端宗大喜命瓚興化軍通判攝守九月唆都来攻瓚每巡城必南面號泣士皆感奮十月望日元兵蟻附登城陷之瓚率家僮及丁壯五百人巷戰元兵死者千餘瓚見執唆都欲降之不屈車裂于五門以狥屠城三時血流有聲張世傑

以聞
贈兵部侍郎謚忠武 子若水世傑辟為督府架
閣

林琦

林琦者閩人也德祐二年元兵迫臨安琦於赭山集義兵數千防海以功補宣教郎文天祥開府南劍琦佐幕下移屯潮州琦亦被執至惠州復驅北行至建康以憂死時有秘書謝杞架閣許田李幼節吳文炳林棟俱閩縣人從義舉兵

死空坑之難

雷龍濟

雷龍濟字耕禄建安人鄉貢進士宋季舉義兵崖山圖恢復殁于萬石灘

徐夢發

徐夢發者浦城人也嘉熙二年與兄華老同進士累官朝議大夫廣東招捕使德祐丙子元兵南侵夢發守仙霞襲兵卒至衆潰夢發獨踞坐大詬遂遇害

陳君用

陳君用者南平人也元至正末群盜起閩閩按君用南平尹君用散家財募兵剋復建陽浦城諸縣累官副都元帥引兵至連江與賊轉戰死之事聞進封潁川郡侯謚忠義

張昇

張昇字伯起順昌人以神童舉入太學年十二除秘書省正字累官江西儒學提舉至正末陳

友諒陷豫章索所署印昇言幼沾
國恩今幾七十可偷生辱名敎手投井中不食
而死

鄭壽

鄭壽者晉江人曾子之孫也元時千户積功至
上萬户宣武將軍至正間賽甫丁阿迷里可擕
亂壽計誅之事泄遇害一門死事数人第宅盡
燬子孫離竄泉人至今傷之

陳繼之

陳維之者莆人也明建文進士户科給事中以江南僧道多占腴田蚕食百姓奏人給五畝餘以賦民從之靖難師興維之屢有建白成祖即位不屈而死父母子女弟姪悉邊戍

陳彦回

陳彦回字士淵亦莆人也父立誠洪武初舉秀才歸安縣丞被誣論死彦回謫戍鎮南與祖母郭僅存監送者怜而從之往依定遠知縣黄積良從其姓閩中教諭嚴德正薦彦回明經為保

定府學訓導三考至京奏對稱
旨擢令平江至縣逾年
上崩入臨給事中楊維康薦其文學廉幹陞知
徽州府郡中大治建文元年以循良受賞是冬
郭氏卒承重徽父老走京師乞留會彥回赴
闕陳情且請復姓建文君怒罷之尋復官奪服
治徽墊郭徽郡北山之陽彥回視事時走墓下
哭甚哀至是始復姓陳靖難兵至江上彥回糾
義勇勤王

成祖即位械至京師死之籍其家

鄭居貞

鄭居貞者其先新安人也父潛官閩中家焉居貞豐頎美鬚髯洪武中舉明經歷鞏昌通判禮部郎中二十三年以河南試叅政三載去官吏民懷之永樂初坐方黨論死其子孫見居福州

瓜山初方孝孺之爲漢中教授也居貞贈以詩翩翩紫鳳雛羽翮備五彩排徊千仞翔餘音散江海於爲覽德輝濟濟鏘環珮天門何嵳峩群

山久相待晨沐晞朝陽夜息飲沆瀣如何復西飛去々秦關外岐山諒匪遥啄食良自愛終當巢阿閣庶以鳴昭代居貞有集多散佚

吴性等

漳有吴性原陳應宗林珏鄧君默曾廷瑞呂賢六人者郡諸生也　靖難師興建文易位或傳其蹈火郡學教授陳師賢即明倫堂爲舊君位哭臨如禮六生毅然從之未幾思賢被逮入京論死六生咸以身殉嘉靖初督學邵鋭祀思賢

以六生侑享

葉福

葉福字叔疇閩縣人建文庚辰進士為刑科給
事中靖難兵起福守金川門死之初金陵危急
福期必死遣家人歸報于母又嘗語客孟氏所
欲有甚於生吾儕不當爾耶建安楊榮與福同
年進士重其為人死後二十年乃銘其墓然所
撰語多自為地福無子死事失傳建文遺備近
代表忠錄皆無考萬曆初福從玄孫知安吉州

邦榮子婣家也持建安所撰銘請于督撫龐中丞得祀學宫榮大耋嫺於文詞屬山啓事謝中丞有云大節不讓齊黃謀非誤國後功未知蹇夏誼豈容身顧黨籍未解罔亦少寬而野史所收文猶多闕自謂得其實録

崔惠

崔惠字廸吉晉江人鄉薦教諭石城正統戊辰寇叛陳椿攻陷石城執惠逼之從已惠罵賊不絶口會賊煆草营惠遂焚火死

姚銑

姚銑字孟毅侯官人永樂進士宣德間為刑科給事中改工科請告家居正統初用薦都兵科給事中己巳從征北邊死于土木之難先時銑誓必死在軍中遣僕伯通歸報家人有許國丹心今日盡輸忠白骨幾時還之句同時死事者戶部主事陳鈍周傑俱侯官人監察御史林祥鳳莆田人郎中滕員雷潛俱建安人與銑各蔭一子入太學補官

鄭寶

鄭寶字時珍莆田人成化鄉薦爲欝林州同知署北流縣事會寇李通寶等聚衆刼縣治列柵月餘寶經畧庫帑案牘選勁卒百人從間道護送入州日督兵出戰身被數十鎗死之子圭見父戰不利躍馬與從奴十餘人馳救亦被創使從奴皆亡事聞贈本州知州蔭一子

馬思聰

馬思聰字懋聞莆田人弘治進士知蒙山萍鄉二縣擢户部主事董漕江西時宸濠蓄逆或勸無往思聰曰王事也安所避乃趣入適濠以生辰設宴次日諸司入謝未畢呼諸司吾舉大事爾等當從都御史孫燧副使許逵罵賊不屈死之思聰被逮入獄次日與參議黄宏俱死

詔江西立廟並祀之子明衡爲御史言事削籍

附朱浻傳

黄釧

黄釧字珍夫福安人鄉薦同知温州府嘉靖乙卯冬倭犯甌東釧奉檄迎學賊稍引去或請亟追釧曰吾非懼死未得其勝筭也鋭意訓練誓必滅賊書其門有揮戈慷慨平生許國寸心丹之句丙辰春倭自福寧復趣甌釧發兵拒戰水北州身先士卒伏起衆潰同事謂宜速退釧把其袂吾黨官屬寧效士卒走耶其卒解衣遁去釧猶麾兵抗賊賊支解之事聞

贈布政司叅議

賜祭立祠蔭從子文燁入太學

論曰死生亦大矣英君誼辟褒表忠貞風厲諸臣藝祖嘉韓通之節神宗悼蘇緘之烈委質事人孰不感奮誠知所重哉宋之亡也匪獨陳文龍節義與文丞相並芳下僚庶士圖國忘死闘不乏人勸士之報也隆慶改元案大行遺詔建文死事諸臣孥戮靡孑遺令有司立廟祀之宇內臣工奉

上德意無忽正統土木之難福州有姚銑周傑

陳鈍建寧有滕員雷潛興化有林祥鳳或居臺諫或列郎曹不能抗節致忠以阻其行一死殉之亦臧獲輩無俚而引決自裁耳

嘉靖季倭寇內訌典兵蒙難福州有閔瑢朱璣泉州有歐陽清童乾震皆可以死者並附列之

閩大記卷之四十四　孝子傳

孝子傳序

野史氏曰予讀功令所旌屬蓋先孝子云或言屬毛離裏之人所遺即畢力盡志非逾涯分又何旌焉王教微民風日媮耰耝德色立誶及唇自漢而然迨于叔季予蓋難言之上以孝德勸封股廬墓風化使然也根于性天篤行有始卒不乏人焉予特書章勸總之不道其所聞閩卷之士砥礪好脩不欺其意若此

類而名湮滅悲夫

黄桓

唐初有黄桓者邵武人也母喪廬墓三年墓側産芝二本邑素無鶴時有来巢墓林人稱其地曰鶴林坪貞觀中詔旌之其後有張巨毅吳海郡人謂唐三孝子云

林攢

林攢字會道莆田人貞元初尉福唐母老且病攢遂棄官歸母卒勺水不入口至塟自埏磚與

兄弟躬負土為墳未竟有甘露降州上其事觀察使李若初遣官驗實會露晞里人失色俄復陰雲欻成甘露稜時不消白鳥復翔集德宗詔褒之為立雙闕于閭歐陽詹有甘露述其時閩人林郇陽長樂林巨卿俱以孝聞

林安

唐季有福清林安母死廬墓傍石自裂湧泉其中閩王異之以其廬為湧泉寺六世孫正華宋時以孝稱

錢褒

錢褒晉江人宋殿中丞熙之後也母喪躬負土成墳結廬其側葷腥不入口形容毀瘠終制方還用薦爲州學　熙寧間郡守請擢用以勵風俗嘗著志孝六篇

郭周孚

郭周孚字仲光建安人熙寧間調德清簿遷閩縣令居母喪哀毀篤至既塟廬墓三年郡守欲以八行薦力辭後以朝散郎通判興國軍子擇

仁登第

鄧異

鄧異者長樂人也親終廬墓六年有甘露芝草之瑞元祐三年以明經行脩舉有司改其里曰賓賢同邑有高宗信養親承志陳烈上其行元豐間以孝廉舉官金紫榮祿大夫

郭義重 史作郭義

郭義重字處仁莆田人早遊太學後客錢塘聞母喪徒跣奔歸每一動輒嘔血家素貧有所饋

不受聚土為墳廬其傍甘露降烏鵲馴集紹興門詔立雙闕表其間義重貌古言動不苟旌孝時猶未婚後用特奏名歷德慶州録事叅軍年六十始娶以高年終鄉人立孝子祠

徐膺

徐膺字思文莆田人弱冠鄉薦念母高年不離朝夕母命侍湯藥不解帶既歿哀毀骨立卜塋于虎嘯巖負土為墳廬其旁疏食三年時陟巖巔焚香哀號虎遁去烏翔集甘露一再降

王凱

王凱者晉江人也嘗應八行舉徐師仁與齊亨仲書凱逾四十履行無玷事父母篤孝居喪廬墓三年猶不忍去與其弟相友未嘗一日離雖至貧苦凡衣食俱不取之他人誠未易多得也嘗題桐廬釣臺人傳誦之稱王釣臺云同邑徐浩舉進士汀州推官事繼母以孝聞母于高壽

陳元吉

陳元吉者崇安農家也年十二家失牛隨父求

之過石洞有虎躍出其父項所戴蓬笠障碍于鋒絶及鬢得不死元吉直前擊虎連数十杖不脱遂刺虎中目虎乃釋其父而走父子相持以歸鄉人異之

林頤壽

林頤壽晋江人祖母楊背癰潰徑数寸頤壽俟其熟寐潛舐之傳藥而愈廬父母墓産芝事繼母彌謹卒又廬墓有白鵲数十往来其上

黄甫

黄甫晋江人與弟旦並居右庠甫有疾旦刲股以療之疾愈終不自言及旦疾甫燃臂籲天早疾亦愈甫旦俱淳熙八年武舉甫知吉陽旦經武（以下闕）

陳嗣先

陳嗣先字朝倚寧德人舉孝廉邑簿陸游立坊旌之

詹復

詹復崇安人景定中登第歷金華令痛父早逝

迎母就養母憚遠涉復欝欝寄詩一别萬松山忽驚四寒暑鄉関劳夢䰟京師厭羈旅遊于衣丰穿親縫念慈母長記臨行時早歸吾望汝來幾丙歸

薛丰千

薛丰千字子中漳浦人兄弟二人日侍母側鄉人重之凡訓子侄必稱丰千兄弟一日母病轉劇丰千籲天割股和羮以進其伯兄鐫心血調藥仲兄焚香于項以資冥福母疾隨愈縣立孝

義坊旌其門

馮順德

馮順德建寧人早喪父奉母王氏至孝寇亂負母山谷間母多病順德終夜不寢勵志學醫母遂强健年八十四卒

黄駜

黄駜南安人居父喪芝產靈臺葉累數百重重和元年進士調崇安尉有鄭主簿者廌平卒官駜傾囊以賙其歸人皆義之終南劍州通判

許儉

許儉字初度閩清人以朱熹為師三世不分異居無閒言鄭性之扁其堂曰孝友

王士奇

王士奇字穎叔寧德人初赴省試聞弟喪遂歸當得官以母老丐祠凡二十三考始為莆田法曹真德秀語當路王法曹當于古人中求之後以奉議郎賜緋致仕卒年八十四妻陳氏奉姑孝敬兼至卒年九十四

黄鄜

黄鄜字大器興化人事親孝芝産其廬者三鄭樵紀之

張以中

張以中甌寧人仕至都提舉父歿訃至自以親老官遊生不能爲養死不得視歛哭而不食死道中詔旌之

劉從竹

劉從竹字友直福清人母終廬墓所居楣及墓

石俱產芝建陽熊禾紀以詩

許知言

許知言閩清人兄弟五人母病朝夕不離側知言刲股以進母病遂愈母卒兄弟俱哀毀踰禮許叔度為立傳

胡景清

胡景清龍溪人元師入漳景清五歲失母所在景清稍長念母輒流涕一日別其父抵幽燕訪之忽于市中遇其叔巨川知母已至燕逾年得

之母子相見至是四十餘年矣事聞詔給驛歸

徐奕老

徐奕老崇安人少失怙母孀守育之奕老篤孝奉母郡守毛文豹大書貞孝旌其門遂易與仁爲貞孝坊洪武初劉令伯益以坊近按察分司復更貞孝爲澄清坊名雖廢邑人能談之

郭道卿

郭道卿莆田人母徐病劇籲天以身代母尋愈後以壽終景炎初元師與盜盡起道卿日抱母

柩而泣盜知道鄉孝子也為白其酋遺一矢俾無毀其家時居人竄匿道鄉與弟佐鄉獨守義重孝守祠不去遂俱執兄弟爭死盜兩釋之道鄉年八十子廷煒字景文時為建寧路平準待養兵禍未解廷煒扶道鄉出避倉卒相失哭水滸晝夜不休有裨校哀之為迹道鄉以歸道鄉嘗病病危甚廷煒憂悴扶護一夕髮盡白道鄉卒之二日煒苫塊中偶夢道鄉並枕睡汗浹而寤呼燭視之左頰生二黑子與道鄉肖號哭幾

絶每夜三鼓即炷香悲哭烏亦群集哀鳴芝産
園中事聞勅有司旌其閭

王薦

王薦字希賢寧德人父疾禱于庭減年以益父筭父絶復甦告其友適有神人恍惚謂汝子孝誠上帝益汝十二齡遂愈卒如其言母沈氏病渴思得瓜咲之時冬月薦行至深奧嶺值雪避樹下思母病仰天慟哭忽見石巖間青蔓離披有二瓜因摘歸奉母其渴遂止嘗為人立後治

塈事又買棺置義阡以給貧乏買田易穀賑饑
宣慰司以聞詔旌之具孝順事實

祖浩然

祖浩然守養吾浦城人至元中盜起政和官軍
剹之還經浦城掠其母以去浩然終六歲不相
聞者二十八年至大間福建帥府檄為山長將
之任忽有告以母在河南者遂棄官尋訪竟得
于唐州奉之以歸

薛鳶

薛鳶仙遊人元鼎之子少孤依母鄭氏外家至元中亂失母所在號泣虔禱裹粮出訪母果無恙以貧故受鈔庫使尋以母老辭母歿終喪遂不復仕有故人航海被寇害鳶問關復仇寇竟抵罪以冒暑病瘡卒

葉儁

葉儁字長卿松溪人祖母年高病足與女弟妙儒舁而卧起者五年痛父死賊傾貲募死士從間道入賊境殺其渠魁載父屍以還事聞授南

豐州同知力辭不拜廬于墓側旦夕悲泣芝生隧道

王初應

王初應者長泰人也至大間從父樵劉嶺虎出岩棘中摶父傷其右肩初應奔赴抽鐮刺虎鼻殺之父得生詔旌其門同邑有施合德者其父真祐耘于田為虎所攫合德與從弟念德持斧殺虎父得生詔旌之

陳道

陳道邵武人至正丁亥郡虎晝傷人道隨父樵虎噬其父道以柴擔奮前縱擊虎舍其父遂噬道啖盡鄉人為斂其父屍瘞之語及道有垂泣者

李苾

李苾字叔英莆田人元季不仕與友人方時舉為壺山文會苾父早卒事母盡孝母卒哀毀踰禮獨居三年紈綺不至身酒肉不入口司業吳源嘗述孝以美之洪武初舉仙遊訓導

賴祿孫

賴祿孫寧化人延祐初有贛寇祿孫負母挈妻子入山寇至祿孫守母不去寇欲刼其母祿孫以身翼蔽寧殺我勿害而母母渴乏水祿孫含而哺之盜竊視相顧嘆息不忍害取水飲之有掠其妻者賊曰安可辱孝子婦使歸之詔旌其門

蘇元芳

蘇元芳者龍溪人也事母孝敬讓田與其弟無

各色永樂初以懷才抱德薦有司敦遣就道未
上卒

顏應祐

泉人有顏應祐者少值兵難轉徙失母許氏所在訪求一十六年足跡遍海内一日有告以母在雲南行至蜻蛉嶺得之遂迎以歸士大夫咸歌詩紀其事有上官民望一篇尤請婉可誦

呂崇爵

呂崇爵者龍溪人也父疾夙夜扶持奉湯藥父

嘗浅痢躬滌器澣衣久而不懈父歿盡礼成喪母先卒時家貧不能如禮至是更斂易棺買土成墳合塟之

吕祐

吕祐晋江人至正末郡城陷有卒拔刃逼其母祐奪其刃指盡裂仆地良久而甦見母在旁曰母幸無恙死不憾矣目乃瞑

陳德沂

陳德沂字宗魯上杭人與弟德漢友愛四世同

居元季兵亂奉親避難嘗負米百里外遇賊傷臂憫其孝得不死後還鄉里結廬承歡

張子英

張子英幼孤奉母王氏甚孝元季盜起英妻子俱被虜負母避匿備經險阻後寓居黃溪傭書為養母念婦孫寢食不自安子英跪曰但得母安妻子可復得遂奉母歸故里後妻子亦生還

趙士亨

趙士亨字應嘉晉江人元季吏于縣未幾棄去

後隱九峯山父早喪明母復患風癱奉養篤至湯藥必親累歲不少懈父母相繼歿廬墓終喪乃歸時山寇呂光甫嘯聚摽掠焚民廬舍過其居戒勿犯洪武初薦授繁昌縣河泊以疾告歸

陳譽

陳譽福清人母病刲股子觀泗亦刲股篤孝如其父郡守吴濤表以詩

陳準

陳準字巨淵莆田人永樂間父賢官南康淮隨

任洪熙元年賢告致仕卒于京師淮迎柩歸夜次寧化河滸宿柩旁岸多虎不引避值大雨河溢柩且殁撫柩呼號雨忽止淮為國子生值限年例衆謀爲減年籍淮曰籍可減心不可欺也卒年八十三子大同亦有孝行

鄭炎

鄭炎字伯翬福清人家貧祖父母未葬炎假貸營之父卒哀毁逾禮洪武初舉明經以母老辭後舉孝行授府經歷

林長清

林長清莆田人正統進士授行人户曹郎未上六十致仕母鄭年八十餘嬰疾數年長清設榻其側視湯藥不離頃刻一夕數起皆親扶持之母歿哀毁骨立

王彛

王彛字秉元龍溪人昇之子也父痢疾效庾黔婁嘗糞母眼疾及癰皆爲吮舐無難色弘治間詔旌之

何鈇

何鈇福清人少時父客死連江母嫁矣及長扶父柩歸塟迎母歸養從子轉徙還鄉里婚喪費皆已出

楊伯安

楊伯安字文思建安人洪武初以人材薦伯安稱母老不就兄伯祥守庾損粮罪當死伯安言兄無嗣不肯有子即詣獄代兄歲餘臨决遇宥伯祥後以薦授留守右衛知事同時魏祖忠字

邦直父康坐損粮論死祖忠別妻子詣官請代
尋亦原免

林光明

林光明福清人母病刲股療之及喪弗克葬不
御酒肉者數年

胡本

胡本字貫通崇安人精堪輿學父喪廬墓三年
啜粥茹蔬郡守爲麟題其墓曰孝子鞠莊先生

葉彬

葉彬字允均建安人父濬永樂進士丙戌知鄱陽縣一日公出暴水壞廳垣彬祖母令人撤板榜自蔽仇家發其事彬母聞當論死欲以身代彬時十歲即自詣官首實得收贖後都察院疑其獄逮問榜掠終無異詞竟得宥免未幾父及祖母相繼卒彬侍母扶二喪歸後歷六安虞城二學諭

林森

林森字廷茂順昌人正統間寇起兄弟俱逃森

獨負其母道拾寶珠一顆遇賊欲殺之赫以珠獻母子得免後授徒爲養得新果佳味必懷以饋母

陳榮

陳榮字希仁甌寧人少失怙事母備極甘旨母嘗失明晝夜扶侍不少離每夕籲北辰聞有人語以舌舐之榮如其言凡十年母目復明後病死將斂心覺微温榮乃以藥灌鼻至夜復生年九十四而終永樂丙申建州大水二子俱髫年

一夕漂流至福唐螺州過潮衝逵于岸得不死隣火及其廬者四輙反風而滅人以為孝感所致子欽字九成精醫術有孝行欽子鈞鈞子漢俱克世其美

林初仔

林初仔長泰農家子也父適田所遇虎初仔望見之奔往以身衛父虎去之父得全事聞被旌改其里旌孝

方寄錫

方寗錫者龍溪人也寓居長泰孝于安榮之子也初安榮刲股愈母疾及安榮疾寗錫亦刲股以進

劉敬

劉敬者上杭人也早失怙事母至孝正統間沙尤寇攻縣急家人盡竄惟母在室年八十有二不良于行敬負母出城西二里許賊追及之索金亂箠且及其母敬抱母號哭乞免母病不能興含哺以飼之賊退貧益甚採拾為養

李墉

李墉古田人居母喪不御酒肉者三年弟求分異墉面壁而臥弟悉取腴田自私而類磽确者為一券付墉墉受而藏之終身不言壽八十二終

陳文亮

陳文亮字景明連江人生七月而孤事母篤孝母嘗有疾文亮每夕泣禱北辰減年畀母又取糞嘗之母病尋瘥以子鴻漸封刑部郎中

高均

高均字惟一候官人父旭江西提學卒于官均聞訃哀慟幾絶奉母盧氏扶柩于文山塟之每月朔哭墓下奉母益虔母疾侍陽藥衣不解帶及卒哀毁如喪父時既合塟即盧墓朝夕號籲寢苫塊日食米二溢服除乃還弘治間御史朱文以聞詔旌其門高氏文獻族成化迄今以孝節忠者四人

黄賓

黄賓字朝用崇安人由邑庠入南雍文行為六舘最謁告歸省道聞父喪徒跣匍匐歸襄事畢廬墓次三年蔬食水飲親族貧者推地塟之

黄文會

黄文會侯官人母高氏得風痺疾湯藥必親每夕禱北辰以身代母歿哀毀水漿不入口數日父歿廬墓三年自後朔望忌日必齋戒展謁不避暑雨祁寒或的日留不能去弘治間旌表

廖文子

廖文子字子武古田人父殁事繼母陳盡孝飲食必躬致姪衛少孤文子撫之如己出及爲婚娶又以所增貲產均畀之年八十二卒

林韺孫

林韺孫字達叟羅源人少孤業儒山寇作亂韺孫負母避匿採拾爲養母感疾年已八十餘矣韺孫齋戒號籲九九閲日母病復愈時人名其里曰孝巷

黄恭

黄恭者懷安人郡諸生也父得風疾每夕籲天求代及卒水漿不入口者旬日枕塊寢苫三年後遭母喪如喪父時有微疾或勸御酒肉不聽提學周孟中賢之遣香帛慰其家與其子時用入學後時用應貢官州判孫以賢鄉薦同知松江府

李泰

李泰者泰寧人也少孤家貧行傭供母曲盡其誠事具邑志

黄熙

黄熙字汝明長樂人天順進士歷南吏部郎卒熙至孝初領薦以父老不就禮部試後登進士後以母老終養前後居喪哀毀骨立及卒命子薄葬吾昔家貧塟父母未能如禮也

張濂

張濂字容潔平和人爲邑諸生力學好脩母年未艾而眊濂操杖奉食不離頃刻母嘗痢疾親爲嘗糞有二兄事必咨禀而後行置義田爲族

人賦役費又築里隄二百餘丈濂姪士珙亦以孝廉聞

蔡梅

蔡梅者閩縣人也母疾刲股療之王偁為作孝子傳林誌贊之梅元閩清良尹嗣樂之子後復姓歐

王勝

王勝字子奇其先合肥人至統閩為福建都閩占籍于閩少孤事母湊至孝有司以聞詔旌之

蒞官尤清介今吁其家爲齊王

張燦

張燦字彥明閩縣人事母以孝聞景泰鄉薦海寧教諭四歷學官皆有聲

盧元

盧元漳浦人父鳳以景泰初卒家貧弗克塟元衰不自勝已而有客過漳元粥其子於膺得直供塟事客欲携膺共去元請喪事畢即如約客許之一日膺入山採薪得白金二錠歸以充塟費餘

償客所粥直父子復聚鄉人異之

陳馬生

陳馬生者平和人也正統己巳盜起兄與姪俱被執馬生奔賊所乞以身代兄死賊怒并縛其兄弟于池後賊欲釋之已死矣嘆息而去

侯鑑

侯鑑字子明漳州衛指揮福之子也三歲而孤母杜氏年二十八撫鑑成立襲掌衛事母性嚴或至鞭撻無怨言病侍湯藥衣不觧帶稽顙此

辰至號泣終夜翌日果瘳復母以壽終鑑哀毀
骨立至瘞有群烏繞墓悲鳴者三日監司廉其
賢爲立崇孝坊

伍鈍

伍鈍者清流人也奉母陳氏不欲離左右遂絶
意仕進母嘗危疾禱北辰願以己算益母壽刲
左右股調藥以進母病尋愈晚年長齋益親壽
即病亦不改食母幾九十卒廬墓三年

蕭恕

蕭恕字汝推南平人選貢入太學湖廣瀏陽知縣恕早失怙陟岵追感作亭永思繼喪母居喪一遵古禮有瑞白鳩翔集于書室之簷雀巢鄉人異之擢任春年以祿不逮親致仕歸

李富

李富字尚禮將樂人為邑諸生以母多病遂不仕居常非慶弔不履市廛六十喪母廬墓號哭釋服謂子吾喪早父未能為服遂設位哭三載如喪母之儀

江琁

江琁字時傑，崇安人，象州守灝之裔也。嘉靖間父順政病，琁焚香籲天，封左股調藥而進，父病遂愈。明年父歿，琁哀號，廬墓側三年。御史李鳳翔表其廬曰孝子，仍檄蓋棺收入諸志。嘉靖中有旌孝者，若邵武蔡元貞、侯官孫炳，皆非事（原本闕誤）

田濡

田濡字伯澗，延平人。正德間處州衛經歷。時駕南巡，江彬檄諸衛以遼金二書進，衛無以應

也擬醵金貨使者濡厲聲忤使者不過失官奚
歛為未幾遭繼母余喪徒步歸血流至踵廬墓
側尋卒其篤孝若此

方在淵

方在淵莆田人父廷範鄉薦教諭章丘嫡母陳
久病在淵問寢侍藥者十年目寘金銀枕側陳
泣告諸姑姊曰微側室子吾目暮疇依所生母
朱早逝在淵時時號泣受業者為廢蓼莪章丘
晚有愛姬盛氏鷙善費家人患之在淵曰大人

安盛姬我不敬共是傷大人心也有女兄適林氏陳母憐愛之在淵事林姊甚恭敬御史簡霄勒在淵名于旌善亭郡守馬孜朱衮俱旌其里門曰善士子禹有進士歷給事中禮部主事

盧廷桂

盧廷桂字元芳順昌人有俊才居邑庠父殁事繼母竭誠敬養以成其節督學使潘潢薦其賢異禮有加以貢入太學嘉靖十九年授廣東布政司都事念母老遂投簪歸養道病卒隆慶間

部使者旌其閭為孝子士大夫有紀孝録侯官王應鍾序之兄廷森亦以孝聞

吳毓嘉

吳毓嘉者長汀人也父以瘤卒見榴輙悲啼不食生母賴氏外卒失其骸毓嘉籲天徒跣數十百里遇骸骨即刺血以驗竟獲以歸繼母廢視母飲食嘉必舐之比卒廬于墓知府丁洪以聞詔旌之嘉靖丁酉貢為湖口教諭

莊贊

莊賢者興化府諸生也居父喪蔬食水飲夜不脫衰絰臥柩下三年嘉靖初廣賊突至賢負繼母黄氏以逃賊追急匿母叢薄中身自詣賊寧殺予勿傷吾母賊偵知其莊孝子也釋之愛繼母弟甚于同胞提學邵銳潘潢屢旌之檄主壽澤書院

謝恩

謝恩邵武人幼失怙母朱氏孀居撫育以成成化六年母病卒恩哀號擗踊勺水不入口絕而

復甦躬負土成墳結廬墓側寢苫枕塊不脫絰帶蔬食水飲朝夕悲慟聞者悽慘思行年六十孝心純篤如此

李俊

李俊者海澄人也年十六母潘氏寢疾醫莫能療聞祖良嘗刲股愈疾乃禱于庭刲股作羹以進母疾尋愈推官黄直題其門曰奇孝四明豊熙謫戍鎮海過其門歎祖孫一德以世易之持龍溪有張邦位亦刲股療母疾鎮海戍籍中有

戴瑋姚仲敬翁伯全三人者俱以孝稱

蕭儼

蕭儼莆田人兄弟白首不分異所得束脩積置田園曰令後世永永合食也著家規三十條郡人廖梯為傳二子文麟文鳶能繼其志合食至六十餘人曾孫以科貢仕官甚衆

丘子能

丘子能字世賓龍溪人事繼母得其懽心異母弟請置田宅令其自擇撫孤姪如己子甘貧好

義鄉黨稱之嘉靖間旌表

鄭餘慶

鄭餘慶字從善閩縣人少孤母高守節餘慶奉母訓不遠大母歆以先業多分叔父子餘慶請其母如大母意及舉于鄉授定海令舅代家貧請售以屋既得百金母色不悦也即以券還舅在邑有惠政卒于官定海人謚曰恭孝

陳德宗林惠

陳德宗林惠者俱以貢歷教官德宗長樂人孝

奉其母母卒事繼母如其母兄弟四人俱同爨惠閩縣人廬父墓三年兄弟六人同爨雖妯娌亦無閒言

賴豫

賴豫字立卿永安人幼喪母其父惑堪輿以柩厝郭外豫槩衣蔬食言及輒傷感嘉靖丙申仲夏以洪水暴漲豫偕一僕渡河縛柩于大樹抱哀哭其僕招之升屋登舟不從既水愈盛拔樹推棺豫與棺偕溺後屍入急濤中十步許衣掛

于樹越二日獲其尸如生憲司檄郡祀鄉賢題

其門曰孝子

常起宗

常起宗者晉江士人也少孤母蔡氏守志起宗事母孝誠母疾籲天以身代求表母節不能得至悲悒喪明既表章目復能視年七十喪母哀毀踰禮廬墓拜泣一日墓側有聲若與語三日後疾風甚雨墓廬當壞至期果然遂免覆壓

張宏綱

張宏綱者，同安人也。嘉靖間倭寇同安，其父遂夫與弟宏猷俱為所虜，令以金贖。綱奮身詣賊泣言：某年少，假貸無與，若歸吾父，則可得金。賊為期日遣之。遂夫抵家，終無所得。至期，賊令縛宏綱與其弟，斬之。宏綱復紿賊：父歸必有金，可遣吾弟歸速之。賊如其言，遣其弟行。至家，乃以情告：吾家素貧，無所得金，吾所為此者，求全吾父與弟耳。賊怒：吾固為汝所賣耶！懸于樹焚死之。

林向榮

林向榮字子燦閩清諸生也父一舉太學生早死母池氏守節婦也嘉靖末廣兵掠閩清突入榮家榮避匿墻下聞母被執叫呼遂奮身出見賊懇陳母節撫孤願代死賊不聽竟殺其母榮痛母死且哭且詈賊併殺之榮死時年二十御史李邦珍旌之

鄭靜夫

鄭靜夫者閩高湖世家也入郡庠沾廩矣靜夫

少孫家貧嘗為子弟師所得束脩悉充母甘旨晨入書舍輙戀戀不能去嘉靖三十六年有倭寇靜夫奉母出避賊鳳岡山中母老且病靜夫棄貲及二子獨負其母遇一賊創其右臂賊稍却猶忍痛至水磕橋既賊大至索金見囊空欲併殺母靜夫空手衛母泣言家貧母老即殺我足矣勿殺而母賊刃其右臂臂落地猶以左肱扶母尋仆于地母坐守一夜靜夫乃死後賊退族人收其骨瘞之靜夫妻先卒二子亦不知死

鄭天挺

鄭天挺者，閩邑諸生也。嘉靖間倭寇閩，天挺居邑凰山，母喪在殯，衆出避賊，天挺獨守柩不去。賊至，其家索金，天挺拜且哭：「家素貧，豈有金？所不去者，母柩在堂也。」倭憫之，有縱舍意，適漳賊爲嚮導者，令殺之，并焚其母柩。

葉伯生

葉伯生者，松溪人也。父淵，秀以丞卒官，伯生徒步扶櫬歸，埜廬墓側，哀毀骨立。奉母楊撫弟伯英極孝友，縣上其事于監司，俱旌之。

張天極

張天極，字于北，侯官人。幼有至性。弱冠時，父領課鐵輸京師，死焉。貧不能歸其喪。郡吏故有三山會館為藁葬叢塚中。天極聞訃，晝夜泣不休，徒步入京，訪殯所，函其骨以歸。適山從兄應時自職方擢僉憲江西，攜所函雜書簏中還閩，又捐金以塋。兄念天極嘗受業，故極力賑之。天極得反，猶茹蔬持父服如初喪。未婚而卒，可哀也。

王應期

王應期字懋啟侯官人脩撰褒之五世孫也父雋母常氏有潛德家素貧子三人伯應鈞早卒仲應曾貢爲建德王教授季即應期爲郡諸生十有六載數困名場遂棄去陋屋壁立諷詠自適泊如也居常教授鄉里克二親甘旨妻孥即枵腹勿卹歲在辰巳父母以壽終仲子宦遊二親不克塋撫膺大慟天乎天乎生不得祿養歿無以窀穸期之生則不若死矣日未數溢爲粥即

菜菓無淡求（原本有脫誤）二十餘年如一日先時二親權厝興勝坑王氏墳亭去城稍遠節序除夕燃燭伏柩前小兒啼期在此期在此達曙乃歸歲以為常後遷北園倚廬柩側哭聲振林木二柩停久漆盡脫同遊諸子醵金更漆之孝誠感人若此妻林卒時期甫四十鰥居二十五年二親克塟乃謝蔬食未幾疾卒期子族弟稔知其行誼愛莫能助因論次大都與慕古者共之期志性學嘗自命為未醒子

論曰：儒先以格物致知為夢覺關，誠意為人鬼關，有味其言哉！夫人牽跼汨沒，聖域賢關，屑背而馳，若大寐未醒，呼囈沉冥。啟弟幼有至性，從事問學，寤寐思服，曰古之人刻意砥行，靡所不力，力即未能，從心善根培植，德器夙成，固已登諸覺路。今且老，輒自言未醒，是耶非耶？噫！古之君子其取名也廉，弟以是耶？弟所行衆指目為怪，予謂篤于倫理，人所難能，非好怪也。長年蔬茹以親故，豈妄意僊釋可同年語哉！

閩大記卷之四十五　　　　逸民傳

逸民傳序

易稱君子之道或出或處猶之水沉而為淵滙而為瀾有依巖谷涓滴自潤所值然也顧俗士尚通識嘲遺逸以予所聞勳華嗣聖巢許擅其高殷周革命夷齊食其潔士固有志不可奪也豈必古人之有而近世高士之非有耶閩佳山水幽貞嘉遯代有其人巖穴枯槁名湮滅而不稱何可勝道也予棄于時又不能自遠引有愧

于斯人是用表着之

陳粲

陳粲字德宣福清人唐水部郎中早謝榮利卜彌勒小隱巖讀書其中

王仁績

王仁績福清人閩王審知聞其賢命試大理評事仁績耻之固辭隱于龍山為終然計玄孫伯起亦仕宋教授嚴州解官終隱

陳晄

陳既者福州人也少有志操不樂仕進居廬山三十年來學者甚衆南唐以幣招之既布衣長揖李主欲授以官固辭

許天瑞

許天瑞者閩清人也家貧不娶以道自樂嘗解六經語孟弟人瑞亦有時名號二許

林緒

林緒莆田人藻之後也嘗慕嚴光陶潛之爲人宋大中祥符七年以逸民舉詔曰朕綱羅遺逸

崇奬風化苟一善之可稱俾釋巾而筮仕以爾居閩越之僻爲鄒魯之儒頗飭行藏聞于鄉黨宜覃鼇澤往教州庠特授本軍教授中書侍郎向敏中之詞也

俞咸熙

俞咸熙者閩縣人也應舉不偶閉戶窮經終于家操履純潔爲鄉里所稱

徐復 史作建州人字復之

徐復莆田寅之玄孫也舉進士不第退而學易

流通衍卦氣自知無祿絶意仕進遊學淮浙間數年益通陰陽天文地理遁中占射諸家之説他日聽其鄉人林鴻範說詩且言詩所用於樂者忽若有得因以聲氣求之遂倍原本有誤大樂於七音十二律清濁次第及鍾磬脩弇匏竹高下制度皆洞達仁宗留意雅樂詔求知者大臣薦胡瑗瑗作鍾磬大變古法復笑曰聖人寓器以聲今不先求其聲而更其器可用乎後瑗制作皆不效范仲淹過潤州復問曰今以衍卦占之四夷

無變異乎復尅西方當用兵推其日月無少差慶曆初與布衣郭京俱召見帝問天時人事復對曰以京房卦氣推之今年所配年月日時當小過也剛失位而不中其在强君德乎又問明年主何卦復對乾卦用事說至九五盡而止又問京師黑氣何應復曰其兆在内豫王喪其應也明日命爲大理評事固辭乃賜冲晦處士官其子發試秘書省校書郎復性高潔而未嘗立異居杭州萬松嶺與林和靖游人稱二處士卒

子晞舉進士歷太子洗馬致仕居杭起爲淮南運使元豐三年卒贈大中大夫晞質直行誼爲士林所重居官所至有能名

章友直

章友直者浦城人也音樂書畫奕棋皆有名族人得象爲相欲奏官不起皇祐中太學篆石經有言友直善篆召之石經成除試將作監主簿不就

周諝

周諝字希聖福寧人知新會縣王安石行新法郡縣風靡諝不奉行貽書政府力陳其弊因求歸田時稱爲周夫子所著孟子講義禮記說

劉涣

劉涣字孟潛侯官人太子洗馬甫之孫也隱居以詩歌自娱元祐中鄉人千餘薦其才郡守許懋擧逸民于朝涣力辭不就自號比溪翁子達夫

達夫

逵夫字宣子元豐中入太學以父老歲一歸省父卒不復仕進隱居北山凡數十年崇寧詔舉遺逸縣以逵夫應授松江簿大觀中添差教授後毛友直薦諸朝召見將仕以中都官辭曰仕非其志也遷越州教授

陳烈

陳烈字孝慈侯官人性孤狷篤于孝友居親喪勺飲不入口者五日明經飭行動遵古礼從者數百人嘗以鄉薦至京師不利即罷舉仁宗屢

召不起皇祐中周希孟等交薦其賢守臣以聞詔授本州教授歐陽脩又言之召為國子監直講皆不拜熙寧初陳襄薦其忠孝仁勇根于性成請以禮召至太學使居博士之職十年襄復應詔稱烈學聖人之言必踐其實稽先王之法必適于時請賜對間燕使陳二帝三王之術元祐初部使者復中薦之詔從其尚以宣德郎致仕明年復教授本州在職不受廩俸家貧有餘推濟貧之卒年七十八

蔡蒙叟

蔡蒙叟字素臣閩縣人養高不仕弟子遠至户外屨常滿郡守李欣薦于朝授州助教非其好也著繩子三卷年八十餘卒

湛俞

湛俞字仲謨閩縣人景祐進士累官屯田郎中為本路運判年五十乞休三召不起居館前鄉因為為旌隱坊尋遷城南宿猿洞劉康夫為撰山居記

黄晞

黄晞字景微建安人自號聱隅子著歔欷瑣微論十卷謂聱隅者拮物之名歔欷歎嘆聲瑣微述辭也石介在太學遣諸生以禮聘召晞走匿隣家不出樞密使韓琦表薦以為太學助教致仕

鄧春卿

鄧春卿字榮伯長汀人崇寧間舉遺逸郡守陳粹以春卿應詔後舉八行郡守章清又以名聞俱不就卜築南山二公累造其廬年九十六卒

有詩文三卷

徐唐

徐唐字守忠寧化人未冠授春秋于鄉先生吳果不兩月誦析如流邑令奇之俾受業于李覯覯令從胡瑗講春秋負笈入京遂見知于歐陽脩薦之朝仁宗召見講易嘉祐三年奔母王氏喪歸廬墓側遂不復出

黄公懋

黄公懋德化人三舍法行公懋退而著述自知

死日至期盥櫛正衣冠而逝

黄登

黄登字君陟晋江人少遊上庠與陳覺民爲友陳守泉二歲未嘗干以私既卒陳以文誄之張讀不妄許可時稱登隱君子云

陳則之

陳則之侯官人隱居不仕著書爲業鄉人薰其德咸知淬厲

林知

林知字子默晋江人築室靈源山巔人罕見其面熙寧間詣闕上書論時政不報知遂終隱南有烟浦埭久廢知督修利民里人德之為立祠孫外字豈塵亦工詩遊太學嘗題吳江垂虹亭人以為不食烟火語紹興進士興化令所著有孏窠類稿

詹本

詹本字道生建安人江萬里薦為郎致書于本本方坐門外石磯垂釣使者至問本居本紿之

前即持竿涉溪去

劉衡

劉衡字兼道崇安人建炎初以勤王補官從韓世忠敗敵于濠後棄官歸依郭為樓扁曰大隱久乃徙武夷為小隱堂與胡寅游常吹鐵篴意豁如也子甫

劉甫

劉甫字嶽卿武夷山北水簾洞棲隱處也劉珙將奏官固辭與朱熹蔡元定友談不及利祿

南安翁

南安翁者不詳其姓名不知何許人也治圃為生漳州陳元忠省試過南安會日暮投宿野人家茅茨數椽竹樹茂密一翁麻衣草屨舉止若士人几案皆經史陳扣之翁訓子讀書乎曰治畦且十五年問積書何用因雜以他語少焉風雨暴作其二子歸捨鋤揖客不類農家子進豆羹享客不復共談遲明別去陳以事留泉城翌日見翁步武皇遽陳追詰之公十五年不出胡

為到此曰吾大兒于關外鬻果失稅為關吏所拘陳為謁監征（原本有誤）至則已捕送郡翁與小兒俱至庭下大兒當杖翁懇白郡守某老賴此子贍給杖則明日之食願以身代小兒進曰某當代父豈可受杖大兒又以己罪甘心三人爭不決小兒翁旁耳語若有所請守問故曰父原帶職正郎宣和間累典州郡翁急批其衣使退曰兒妄語守詢勅誥在否兒曰見作一束瘞中埋山下守立遣吏發取果得之即延翁上坐而釋其

子次日往駕訪之室已虚矣

江贄

江贄字叔圭崇安人初遊上庠與龔深之以學易著名後隱里中近臣薦其賢不赴政和中太史奏少微星見朝廷舉遺逸邑宰謁其廬三聘不起賜號少微先生所著通鑑節要行于世

茅知至

茅知至仙遊人隱于縣西博通墳典漕使靡籍薦于朝景祐四年勅補國子助教不就知縣皇

甫當記其事蔡襄書之

林冡

林冡字商卿仙遊人幼孤鞠于外祖陳次升讀書多聞後寓真州得事劉安世任伯雨陳瓘諸賢紹興初為簽書徐俯所礼終不受薦奉母歸閩萩水盡歡母歿終喪遂不復娶寓跡龍華寺諸庵榜所居曰聽雨小園曰意足不與俗士接帥臣交薦之累徵不起乾道四年詔授興化軍教授卒年七十

邱清

邵清字彦明古田人元祐太學生有名者十人清與焉嘗從張誠學崇寧間還家遂不復出築室元墠側聚千卷角巾鶴氅徜徉其間嘗應八行舉人稱八行先生

林幾復

林幾復連江人時稱書厨隱居教授從者甚衆同邑有李元譽以布衣君除國子録不起

葉確

葉確者莆田人也元豐進士蔡京當國確與朱宗皆内姻不一詣其門欲除蘇郡約一見上請確遂掛冠未幾京敗

鄭昌齡

鄭昌齡字夢錫寧德人宣和進士秦檜欲與美職以書諭意昌齡固謝不至又以太常寺簿召不赴調本路機宜文字終承議郎

宣明

宣明字南仲長汀人入太學辭歸爰城南五里

岩洞幽窈卜隱其間郡守謝調與其子敝輒往訪之

阮大成

阮大成字希聖寧德人入太學靖康初同陳東伏闕上書斥李邦彥白時中乞復用李綱朝廷遂以綱為尚書右丞京城防禦使大成後以韓世忠客歸隱山中世忠平建寇訪大成之廬時所過郡邑例供芻粮錢千緡寧德以大成獲免縣令趙詵之集五百緡為謝大成固辭不受

林摶

林摶字圖南福清人舉人行入太學政和五年中特科授楚州參軍不赴隱于靈石九疊峯摶性豪爽善琴不肯爲流俗人一鼓徽宗屢召入内爲奏悲風一曲上不懌而罷靖康之禍盖先見云

蔡茲

蔡茲字光烈永春人紹興進士南恩守秩滿雅志林泉梁克家當軸除僉廣憲力辭遂掛冠歸

築室東偏與賓朋觴詠其間茲紹興二年嘗考建州貢院謂人吾取一生三策皆欲為朝廷措置大事似非尋常人乃朱熹也巨眼如此

鄧旦

鄧旦字子升連城人年甫強仕四上禮部遂不復應舉士大夫招館之輒棄去卜築縣東十里石門岩之側或勸之仕曰勿敗吾佳思

高融

高融字光冲寧德人入太學調餘姚尉後為衡

州司户叅軍乃遁去與野僧遊經年忘歸家人常訪求深山得之陳正齋稱其恬然退藏富義之急常與人同自衣食至室廬或無過于人自家庭至鄉黨之好無不及于人塟姚澚正齋志其墓于松

劉世修

劉世修字景周長樂人嘗授承信郎監行在贍軍酒庫棄去築室蒔花木日與客觴咏談玄時相陳自强者世脩妻兄也以有道辟力辭不就

自強敗世修獨不須其禍

危昂霄

危昂霄字次房光澤西鄉人耽經史雅意林泉不樂仕進詩詞多豪俊超曠爲時所慕同邑有危德華

危德華

危德華博覽經史不慕榮達善屬文精于詩翰林危太樸考功郎葛元喆金門羽客方方壺冷風羽人鄧宇皆極稱賞

丁時習

丁時習邵武人父廷彥太學録以忤蔡攸辭歸時習遂棄舉業專諸經史晏如也鄉達官有以書命干有司者屏去不視晚年節益高文益奇妻危氏未嘗以貧見辭色子百之千之鳳興供掃洒具蔬食畢即受業杜來為立傳

高準

高準字平一寧德人隆興初入太學湯思退主和議準同張觀等上書乞誅三賊乾道間虞允

文當國準獻東南銷患書請入北界伺金虛實復上言恢復大要允文去國朝廷欲官之曰準効命虞相以復九廟陵寢為念非為身計也辭歸西山終身不出

林公遇

林公遇字養正福清人直秘閣瑑之子也以父蔭寧化尉調建州户曹棄去李韶方大琮趙以夫屢薦不起既而韶復薦主管仙都觀仍下福州令條所欲言公遇言義無可取拙不能言頤

瞑目為山民弟養直以孝聞

丘義

丘義字道濟建陽人隱居不仕與朱熹友有易説傳于世所著詩熹為序

劉志學

劉志學字師孔晋江人咸淳進士教授台州以親老歸有宋亡遂不仕蒲壽庚欲致門下固避之種菊數十本見意云

鄭曾子

鄭曾子字子可晉江人咸淳中入太學景炎丙子隨驛三山以迪功郎為潮州司法未行泉州降于元蒲壽庚薦曾子授武畧將軍梅州路治中不受遂閒居終其身平生倜儻好義樂道人之善所論析無不當理者士大夫有疑事輙造廬咨之

趙必曅

趙必曅字伯暐太宗十世孫也補承務郎慨然有祖逖之志從益王至永嘉轉承議郎招撫使

蒲壽庚叛與州司馬田真子約降必畢逃篦竈村真子遣兵勒還章降表必畢持匕首自刺乃免張世傑回兵圍城盡殺宗室縛必畢將斬録曹參軍吳伯厚計出之後居東陵日與方外士班荆燕坐為諸生講解經傳以壽卒有茹芝東陵等集傳于世又有必聲者福州長樂主簿宋亡不仕易名文孫以訓誨為事必疇議論淵懿

為閩南碩儒

宋秉孫

宋秉孫字彝父建陽人嘉定進士朝奉大夫主尚書省架閣文字元師興遂不仕以吟咏自娛

葉夢鱻

葉夢鱻建安人應聘赴臨安少帝北行遂歸隱西甌講學為事

陳仲文

陳仲文字全甫長樂人元季隱居性嗜學尤款行孝友嘗與族子潔建書堂于藍橋以正學倡鄉人名義學

歐陽佺

歐陽佺字以大□□人隱居著述動遵禮法

趙若

趙若字順之崇安人丞相蒙古女薦于朝授同安縣尹不就遂歸隱高丞相聞肴三使聘之强為一見諷以仕不應長于詩有澗邊集二十卷

彭炳

彭炳字元亮崇安人聞平昌隱者何得之徃謁之駙馬烏谷孫事以師禮至正中徵為端本堂

說書不赴詩效陶柳有集一卷

張以仁魏伯堅

張以仁魏伯堅俱政和人元季卜築蓮花峯下與助教謝坤知州孫蘊訓導佘應友講論經史至二十年號山中五鳳後俱知名以仁伯堅竟不仕

林以辨

林以辨莆田人咸淳中與長子棟同登第歷官宗正簿宋亡不仕晉安學者爭聘爲師

龔炯

龔炯字延璋，晋江人，刻志力學，詞翰俱工。洪武中應薦之京，三疏歸養，終老于家。

鄭炎

鄭炎字以明，懷安人，隱居教授。祖御史潛嘗劝蒙學于瓜山。炎每朔望必幅巾深衣，率諸弟子致敬先聖，平生一語不妄，發人目其迂，自信益篤。

夏泰

夏泰字西仲晋江人授教于鄉部使輙造廬洽訪洪武中召至京師欲官之懇乞骸骨簞瓢屢空晏如也或言泰元季進士不知何許人隱于青陽山云

羅泰

羅泰字宗讓閩縣人博通經史尤邃于易春秋後進以二經登第多出其門顧不樂仕進郡人林誌相倡率爲古文詞尤工詩有覺非集弟澤舉進士二子紋繹俱鄉薦其友林憲陳中者俱

有隱德憲字文則中字和仲其後式微諸志不載泰營生壙于康山自譔壙誌憲為之序

陳瓛

陳瓛字徵仲自福州徙于晉江宣德間累召不起

趙復

趙復字無疾晉江人隱于孤山博學力行泉人多化之號莊節先生

蔡以俊

蔡以俊福清人經史該洽隱居教授不求仕進

高昇

高昇字景初閩縣人正統間鄉試禮部不偶即歸隱教授門下多士所造就性樂易喜施舍鄉黨敬之凡有爭者不之官訟輒就昇直

陳宇

陳宇字時清寧德人和之子也以平生真隱山水真樂遊翫真境詩書真味吟咏真趣號五真一切世味泊如也二子裒褒並登進士以褒貴

封御史卒年八十二

蔡烈

蔡烈字文継龍溪人庶吉士杲之子也嘗學于蔡清又從陳茂烈遊絶意榮進年逾壯遂辭諸生廪隱白雲洞學者稱鶴峯先生其學宗朱程終日危坐無惰容嘗爲海寇蘇世浩所擄月餘不失常度賊異而歸之嘉靖十二年舉遺逸郡守陸金以烈應

詔藩司趣府勸駕烈固辭卒時鶴山鳴如雷者

三日

傅汝舟

傅汝舟字木虛，侯官人。父顯，鄉薦，知武岡州。汝舟負奇邁，棄去舉業，愛佳山水，稱丁戊山人。蚤歲攻詩，鄭吏部善夫雅重之。汝舟顧不樂家居，徧遊五岳，與名士友十餘年，乃還。還而復出，嘉靖季年，卒于家，幾七十矣。汝舟博窺墳籍，釋典稗官，莫不精究。尤好神仙之學，人咸疑之，不知其有所託而逃耳。

高瀫

高瀫字宗呂僉憲旭之曾孫也先世累葉以儒起家瀫獨不樂仕進與傅汝舟友鄭善夫雅重之時稱高傅瀫能詩尤工書画寓號石門山人又稱霞居子

文苑傳序

外史氏曰洋洋乎品序二儀摹寫萬彙闡幽章懿而永其傳豈非人文哉予總髮摹古屬辭近手華顛不能以尺寸樹立迺吾閩文物習聞之近世操弄筆墨高自稱許卑薄往哲率以耳視謂閩無人予稽李唐中葉歐陽詹興龍虎榜英韓李頡頏學士大夫謝華啓秀藻翰翩聯亡慮數百家　明興右文潤色鴻業吾郡林子羽首

被拔擢大雅彙征鄭定孟宣高棅廷禮陳亮景明王恭安中及吾太史褒俱以才稱復有二玄豈惟十子弘正間鄭繼之以著作鳴海内人士操觚相從復有十子列作者之林嘉靖中興文風丕振毘陵太史獨步江南泉人王道思杭旌爭衡詞林稱其雙璧垂髫佩觿之童皆知挨藻摛辭爛然可睹矣謂閩無文人豈不謬哉予景仰前哲論次其後先與好古君子共之業舉士非無魁傑人人能無論已宋學士楊億處士謝

翺明王撿討偁林少保俊李大宰默張司馬岳俱宗工别有傳

歐陽詹

歐陽詹字行周晋江人其先有為州佐縣令者詹操筆属詞出人意表唐故宰相常衮觀察閩中雅推轂詹貞元八年陸贄知舉詹與韓愈李觀等聯第稱龍虎榜詹事父母孝與朋友信官四門助教卒年四十餘韓愈為哀辞李翺為傳有文集十卷李貽孫序之子價居南安蚤卒從

子秬

秬字降之開成進士辟澤潞劉從諫幕府從後諫子稹拒命秬休暇還家稹表指斥時政或言秬所爲詔流崖州賜死人咸哀之其時泉人有陳蚾王紀黄瞱王肱皆以文名

林諝

林諝閩縣人博學善屬文養高不仕作閩中記十卷

林藻

林藻莆田人父披明經擢第太子詹事蘇州別駕時稱良吏子九人皆刺史時號九牧藻擢貞元七年進士省試賦合浦還珠第進士自藻始官至殿中侍御史

陳詡

陳詡字載物閩縣人貞元中及第三府交辟文名大震官終户部員外知制誥同邑邵楚萇有文名貞元及第官終校書郎

王魯復

王魯復字夢同連江人大曆間獻詩邕府魯復自高其才嘗謁郎中皇甫湜不見移書責其有媿韓退之湜乃謝遂定交在京師嘗单衣騎牛省臺有疑獄白時相顧往鞫之其狂若此

鄭誠

鄭誠字申虞閩縣人曾昌及第官國子司業刑部郎中鄂安鄧三州刺史同邑林滋字厚象啓雄字伯鎮時稱誠文滋賦雄詩為三絶滋會昌及第兵部郎中雄布衣其時同邑有連總咸通

及第亦以賦名温庭筠稱之

陳鏞

陳鏞字希聲侯官人大中及第鄂州刺史其文類西漢連江有張瑩者大順中進士有詩名仕至礼部尚書

許稷

許稷字君苗莆田人入閩遇陳舍人詡等會飲有欺稷語稷投盃感憤入南山三年出就府薦遂登第魁貞元進士嘗為江南春三首詞甚綺

麗後歷南有員外郎終衡州刺史

翁承贊

翁承贊字文堯其先長安人乾寧進士繼擢宏詞天祐初以右拾遺受詔冊王審知為瑯琊王梁開平間復冊審知閩王尋除右諫議大夫福建鹽鐵使中原多故因居莆田審知聘為相國審知子璘立避地崇安卒塟其地

黃滔

黃滔字文江璞之從弟也由侯官黃巷徙莆田

乾寧初進士四門博士監察御史裏行充威武軍節度推官王審知之據閩也終其身為節將滔有規正力朱温篡立足跡遂不復西中州名士若李洵韓偓羅隱崔道融趙觀又輩避地閩中皆主滔閩文章家以滔為初祖有泉山秀句集楊萬里序

盛均

盛均字之才永春人大中進士舍人皇甫煥辯博自雄延賓發難屈者輒引去惟均酬荅如嚮

嘗病白氏六帖疏畧，廣爲十二帖。仕終昭州刺史。平生著述甚富，多散逸。所存有真龍對、孔子不歷聘解等篇。

林嵩

林嵩，字降神，福寧人。乾符進士。觀察李晦重之，召除秘書正字。黄巢亂，遂東歸。後除毛詩博士，官至金州刺史。嘗賦華清宫、蓬萊山、九成宫，藻麗寓諷。賦一卷，見唐藝文志。

黄蔌

宋初有黄藪禹錫之子也以文贄江南秘監陳致雍與錢熙曾會友善蘇易簡知貢舉藪以皇朝受命賦萬餘言為獻蘇奇之召試崇政殿不赴子宗旦

黄宗旦

黄宗旦字叔才晋江人藪之子也總角時祖禹錫命賦早春詩聲稱藉甚後以文謁冠準王禹偁錢若水雅重之咸平初進士第一人晚直使館病目先具奏日成誦至上前展讀之其寔不

見也同列有忌者密易以他事宗旦誦畢比歸乃覺遂乞致仕以刑部郎中知襄州卒有集十卷

廖執象

廖執象者順昌人也父遜有詩名仕南唐歸宗執象七歲能詩生冕爲閩漕與語有加礼弱冠入京獻所爲詩文太宗覽而善之端拱初赴省試遽以疾卒初陳摶見執象子謫仙塵世不能久留耳有集十卷徐鉉爲序

劉昌言

劉昌言字禹謨南安人七歲屬文後陳洪進擢為功曹叅軍掌牋奏力勸洪進納土洪進洪進遣子文顥入貢令昌言偕行太宗召對覽洪進表非鄉潤色耶辟徐州推官太平興國八年進士第二因獻紀聖德詩五十韻趙普留守西京表為通判委以府政普有疾昌言感其知己為經理家事太宗謂宰相昌言貭狀非常言以貌取失之于羽矣累遷同知樞密院事或短其閩

語難曉上曰朕能曉之又言其妻母妻鄉里十餘年不迎侍別娶旁妻者詔令迎歸京師給錢辦裝縣次續食昌言自以登擢非次恒懼傾奪會趙贊伏誅與昌言素善上言近侍有與贊交者昌言頓首稱死罪自是惡之出知襄州以言輸租獲盜太宗責其不循舊章斂怨於民後官工部侍郎卒有文集三十卷孫濤

劉濤

劉濤字普公工詩及草書蘇軾嘗跋其書奇逸

多才徽庙召入禁中令草雪诗涛书郑谷诗四句上见首有乱字不怿而罢晚年困踬诗书灵泉院同邑李沂者太宗真宗时屡踬词场晚以唐裔擢进用苏绅荐为大理丞家居尝着帝王纪年藏之秘府

詹庠

詹庠字周文崇安人祥符进士景祐中进士君臣龟鉴六十卷有诏褒之

郑褒

鄭襄字成之惠安人應進士舉至都詔罷舉揭所業徒步走滁州謁王禹偁禹偁稱其淵邃精切嘗襄涉秋而行曰襄有老母詔將及閩後至貽母憂禹偁為襄泣而賦詩市一馬送之禹偁以市馬為言者貝錦太宗原之襄咸平元年登第未命卒年三十七同年為襄瘞京城南時禹偁掌制誥復作詩哀之後三十年襄子惟官南劍禹偁子嘉言任閩漕相叙夙昔則歸瘞已久刻辭於闕嘉言命勒石襄有集十卷張景序其

集謂似韓吏部蔡襄論閩中文章自歐陽詹伐
惟推袞

謝伯景

謝伯景者晋江人也天聖進士許州法曹歐陽
脩嘗稱其詩無媿唐人同邑楊少陽有詩文數
百篇為名人稱賞如建崇福寺碑銘與二公亭
記皆奇絶

柳三變

柳三變字耆卿一名永崇安人工部侍郎宜之

子也為屯田員外郎上詞章擅名樂府仁宗誕辰太史奏老人星見永為醉蓬萊詞以獻後大臣有薦之者上曰此人任從風前月下淺斟低唱豈可令仕宦且去填詞坐此流落不偶與兄三復三接皆工文號栁氏三絶

何去非

何去非字正通浦城人元豐中對策優等除武學教授校兵法七書上之擢博士蘇軾竒其文今之班馬也薦諸朝後知富陽縣課為一道最

改通判滄州除司農丞求補外通判廬州卒有

集三十卷

呂夏卿

呂夏卿字晋叔晋江人慶曆初進士調江寧尉

充儫書編脩官書成遷直秘閣同知禮院英宗

時歷御史同脩起居注熙寧初遷兵部員外郎

知制誥同脩寔録初歐宋二公領唐史十七年

書始成載筆皆一時極選惟夏卿與范鎮終始

其事摘公繁文闕誤目爲唐書直筆收會仁英

二宗正史積勞致疾乞外知頴州卒

林陶

林陶閩縣人景德宏詞累官比曹員外郎著元統二十卷同邑陳綯能上古文詞祥符中及第

翁挺者

翁挺者崇安人彥約之子也政和中以季父彥國任調宜章尉朝臣交薦詔赴闕所陳皆急務上喜改少府監丞時相惡其不附己遂不復仕

有集二十卷李綱稱其雄深推健淵穎凌厲絕

去筆墨蹊徑

廖嶢

廖嶢字次山順昌人元符間入太學屬蘇軾卒

諸生相與飯僧以嶢工文推爲薦疏又自爲詩

悼之其語皆妙絕崇寧中上書言事放還未幾

卒有文溪集十卷

廖衡

廖衡者順昌人也六歲屬文縣尉奇之郡守璥

縣以記津遣試詩立就句尤婉麗既冠赴鄉舉主司得其文寘第三爲守所抑遂絶意功名倘徉林壑終其身

黄鑑

黄鑑字唐卿浦城人舉進士爲國子直講楊億善其文延置門下由是知名累遷太常博士國史院編修官史成進直集賢以母老求倅蘇州卒有談苑十五卷

張伯玉

張伯玉建安人第進士嘉祐中爲御史後知太平府時曾鞏爲司户伯玉作六經閣屬鞏記之数易稿不愜其意伯玉自爲之首云六經閣者諸子百家在焉不書尊經也鞏歎服益勵學伯玉後遷司封郎中有蓬萊集二卷

林仲嘉

林仲嘉福清人以詩名與鄭俠王聖時林圖南李天與爲友嘗遊京洛有詩三卷同縣人林子充長於性學所着有論語五十首林之奇解論

語多引用之文又有指南集三卷詩文三卷時號仲嘉子克爲古屯二賢

黄道

黄通字介夫邵武人嘉祐進士韓琦范仲淹薦其才除大理丞浩歌長嘯衆目異人李泰伯相與倡和

廖正一

廖正一字明畧南平人元豊進士元祐中召試館職蘇軾嘆賞每以密雲龍飲之名亞四學士

常居言路出知常州後謫信州玉山監務卒有白雲集八卷

黄伯思

黄伯思字長睿邵武人履之孫也幼听履講經史退與他兒語無誤常夢孔雀于庭覺而賦之詞甚麗以履任假承務郎甫冠入太學元符三年進士除磁州司法參軍改通州司户復除河南府户曹參軍秩滿辟知右軍巡院伯思好古文奇字洛下公卿家三代時彝器悉能辨識道

其本末篆隸正行草飛白皆入妙又二年除詳定九域圖志所編脩官兼六典檢閱文字尋監護崇恩太后園陵掌箋奏遷秘書郎縱觀冊府藏書至忘寢食有著述五十卷

楊希旦

楊希旦南平人少知名終老于家子循道集詩文數百篇龜山楊時為序不尚雕琢覽者可想見其風度云

張讀

張讀字聖行安溪人紹聖四年以上舍擢第調永昌法曹叅軍守范純礼重之除編脩国朝會要以父九十求便親通判本州後除諸王直講未(原本有誤)請郡知興化軍建炎初奉祠居喪廬墓蔬食終制後與李方叔為蘇黄門客讀善屬文閩中碑碣多出其手所得潤筆輙賙親故之貧者

羅畸

羅畸字疇老從彦之從父弟也熙寧進士福州

司理生忤使者歸後十年復除滁州司法紹聖初中詞科首選授華州教授召為太學録遷太常博士被命作孔廟奠獻樂歌二十章歷兵部郎中秘書少監崇寧中辟雍成命詞臣賦頌畸稱旨進官一秩以右文殿脩撰出知廬福處三州卒

吴元美

吴元美字仲寔永福人宣和進士紹興中歷太常簿出為福建憲司捥宜文字嘗作夏二子傳

天以商伐夏伊尹相湯伐桀而声其罪是時商飈起宇宙清廓夏告終于鳴條二子之族無少長皆望風殞滅無遺類宇内始得安食酣飲鼓舞於清穆夏二子謂蚊蠅也鄉人鄭琦走行在訴元美又言其家有潛光亭商隱堂啓于檜曰亭號潛光蓋有心於黨李堂名商隱寔無意於事秦法寺言元美訕毀大臣當死高宗特宥之除名容州編管再謫南雄州以死後五年洪遵等為言於朝命官其子元美有遊勾漏洞天記

載容州志

徐師仁

徐師仁字𨑳聖莆田人確之子也大觀三年年十八與𨑳叔昭同登第任泉州司法叅軍調袁州司曹召爲秘書省校書郎時脩史四人俛若川劉大中汪藻與師仁皆極選除編脩檢討官兼次崇文總目遷著作佐郎爲文益閎肆落筆千言追古作者

李㨾

李揆莆田人以祖持正澤為於潛尉屬孝宗為壽皇舉慶典詔內外臣僚皆得頌祝揆上頌竟賦文詞奇古有旨宣付史館改知永春縣轉運判泰州未上卒

何伸

何伸莆田人曾祖清靖康勤王死之祖德以戰功宣差步軍指揮使伸少嗜詩德誚其不武乃習馳射擊刺感時憂憤必于詩洩之開禧用兵伸應召每春秋都試輙陳詩自見陳宓延入館

中嘉熙中劉克莊謁宓出仲相見斯人讀書尋
落筆工即逢掖中亦未易得其卒也宓與克莊
皆嘆惜之子謙性孤介其詩視仲尤精麗宓亦愛
之陳韡自莆守起爲邊臣從宓求士得謙遂與
同載奪以成忠郎監福州作院

嚴羽

嚴羽字丹立一字儀卿邵武人自風騷而下所
評騭無失有滄浪吟卷及詩話二卷行于世

嚴粲

嚴粲字叔旦邵武人註毛詩名嚴氏詩輯朱子詩傳多采其說又有嚴仁字次山時稱三嚴

夾漈先生

夾漈先生鄭樵者字漁仲莆田人也父太學生國器嘗粥田蘇洋陂人食其利沒于姑蘇樵年十六徒步護喪歸結廬越山下閉户誦習既又築草堂于夾漈山中久之乃遊名山大川遇藏書家必借留讀盡乃去初為經書礼樂文字天文地理蟲魚草木方書之學皆有論辨紹興十

九年上之詔藏秘府歸益勵學以侍講王綸賀允中薦得召對因言歷代為史之非帝曰聞卿名久何相見之晚授右迪功郎兵部架閣御史葉義問劾之改監潭州南嶽廟給筆札歸抄所着通志書成入為樞密院編脩官尋兼檢詳諸房文字金人之犯邊也樵言歲星在宋金主將自斃後果然高宗幸建康命以通志進會病卒年五十九樵好施與嘗累薦林光朝林豪子當路又假築蘇洋陂以紹先志独汲汲仕官人以

是歲之從兄厚字景常高宗時特奏名授左從事郎泉州觀察推官以趙鼎薦召對後鼎知泉州與厚最親稔知湘鄉縣未代卒厚學問該博尤長於易所著藝圃折衷論湯武爲亂賊之首伊周啓簒逐之禍孟子乃儀秦之雄坐是臺劾十年不調云

余嘉

余嘉字君蒙龍溪人淳熙進士教授潯惠二州進聖域記特授浙西倉幹復進皇朝職志高宗

政範差監樞密院激賞庫進資時十論伏闕上書論侂胄又上書力沮和議復作古鑑錄以進攺通直郎主管嶽祠裒前後上書曰代庖骨鯁二集

呂肖翁

呂肖翁字希聖晉江人方弱冠人爭購其文家居授徒自給雖貧病恬不介意人莫能窺其際

黃銖

黄銖字子厚崇安人少師劉子翬與朱熹為友其文學太史詩賦宗屈宋而下以及常柳尤善鼓琴隸法甚古其騷詞能以古韻楚聲為之朱熹序其集

熊克

熊克字子復建陽人御史大夫博之後也将生有雀翠羽翔卧内胡德謂他日當以文章顯第進士令諸暨有循良譽入提轄文思院孝宗得其文于迹習内批直學士院宰相不可乃授校

書郎累遷講直上曰卿制誥甚工燕閒可論治道充數有論列後除起居郎直學士院知台州奉祠

吳棫

吳棫字才老建安人著論語集說韻病字學訛闕作韻補若干篇朱熹評近代考訂訓釋之學惟才老及洪慶善爲優遂據其說以叶三百篇

陳昭度

陳昭度字元矩興化人紹興間弱冠舉進士尤溪漕部使令求屬史細過遂拂衣去以讀書攻文自娱十年不調後教授藤州改知長樂未工卒林光朝志其墓極有稱許

黄鍾

黄鍾者昭度之甥也乾道進士德化縣尉待次閒居里人從之遊由三皇至五代皆有記傳曰史要詩文神思閒遠鄭僑謂酷似其舅晓好釋典作傳燈節録學儒者非之官終漳州録事叅

軍

林駧

林駧字德頌寧德人博極群籍即山經地志稗官小説釋老書元不旁通尤習典故鄉薦掄魁江萬里漕江西駧謁之試以一二三四五六七八九十為賦駧應聲四後五六一先二三七八九而至十奇偶位而揲參江大稱賞嘗著皇鑑前後集源流至論其後同邑進士黄履翁者以至論未備為續別集二卷

林肅

林肅字恭之莆田人淳熙進士從林光朝遊試教官首選教授臨安府卒同邑有傅蒙者字景初亦同光朝學工詞賦孝宗朝以所着書上之後以子矩封從政郎

許叔度

許叔度字端夫寧德人領鄉薦嘗著江東十論推原三國六朝離合之由王邁爲之註兄弟五人俱有詩名

劉季裴

劉季裴字少度福安人少有俊譽紹興進士歷秘書丞監察御史起居郎兼太子左庶子終朝散郎秘閣脩撰乾道間進十論其一言屯田規畫甚詳上方行兩淮屯事大稱賞季裴之為起居郎也搢笏奏事偶跌碎其笏徐拾笏碎陳因言事有不可忽者即如此笏上悅所着論孟周易解

陳應龍

陳應龍字定夫寧德人精尚書春秋又喜孫吳淳熙中以武舉試右庠陳傅良稱其文館閣人物也冥首選注脩仁尉徐應持憲廣右以應龍趨迎稍緩督過之應龍書六十韻以進徐閲之豪傑士也待之有加礼

林文之

林文之字子彬福清人宋季文體纖弱文之独用意為古文學者宗之劉克莊嘗謂後來文印屬子彬

鄭士懿

鄭士懿字逹之寧德人七歲屬文端平進士時真德秀知貢舉奇其文授紹興教授判婺州遷太學博士出知武岡軍

呂中

呂中字時可晋江人淳祐七年廷對上第教授肇慶府除國子録實録院檢閲上䟽極言時政遷國子丞兼崇政説書輪對言人能正心則事不足治理宗嘉納以壓兄求歸召為秘書郎丁

大全忌之出知汀州尋復舊官主管成都玉局觀卒中演易為十圖又有皇朝大事記治迹要略

陳紹叔

陳紹叔字充甫莆田人嘗為李者誦書璣衡即鑄為器模寫天象究觀諸書極其精微

顧長卿

顧長卿字子元莆田人經傳子史無所不闕元初應薦歷安溪南平二縣教諭福州路教授所

淂俸為著述費移書助教陳旅屬脩宋遼金三史虞集見其書云江南有此大不易淂既而長卿自為之及謁選會會朝廷將開局脩三史長卿即以所著藁上中書淂辟史屬以議不合移疾出時

朝廷郊祀礼成進南郊慶成頌一十五章不報所著三史頗希世不辨華夷正閏書遼金事與漢唐宋並例故其書無傳

陳旅

陳旅字衆仲莆田人父子脩嘗與鄭鉞以鄭樵通志校讐上於朝旅有異稟用薦為閩海學官中丞馬祖常一見奇之勉令游京師學士虞集見其文深加奬賞即延入館中與祖常力薦之授國子助教後轉為丞旅有文名尤篤交誼嘗躬至臨川請虞集主鄉闈校文後别去集夢旅舉杯相向曰旅甚思公亦知公之不忘旅也旅卒集甚哀

傅定保

傅定保字季謨晋江人咸淳中礼部奏賦第四為時相所抑不令廷試定保歸益力學元大德初提學吳濤薦授漳州路學正改三山書院山長閱三月辭歸至治中以平江路儒學教授致仕其學能守大儒成説為文温潤典雅

楊載

楊載字仲弘浦城人年四十不仕賈國英薦于
朝以布衣召為翰林國史編脩後登進士同知浮梁州遷寧國府推官卒初趙孟頫在翰林得

載所爲文雅重之其文章以氣爲主博而斂直而不肆成一家言於詩尤有法嘗語人曰詩當取裁於漢魏音節則宗唐宋季之陋爲之一洗與虞集范惇揭傒斯齊名

蔣易

蔣易字師文建陽人工詩屬文有鶴田集及元風雅行世

劉嵩

劉嵩字子中晋江人人謂其有謫仙才元季不

仕家儿宿儲或有所受即送酒家及周親友之洪武初以賢良方正薦授廣西賓州判官卒不能歸櫬塟州西門外所著有中齋集

藍智

藍智字明之崇安人洪武中薦授廣西僉憲有藍澗集張昶稱其衆体兼備足進風雅儿静之為武夷山長有藍山集並負詩名

陳孟龍

陳孟龍字霖卿寧德人元鄉薦為建寧路學録

改上虞洪武初舉明經擢廣東按察僉事改山西石州知州謫知嘉定縣為詩清逸有集一卷

蘇伯厚

蘇伯厚建安人元季左丞阮德柔重其名累薦不起洪武初舉明經遷晋府伴讀未赴永樂初與脩高廟實録又脩大典陞翰林檢討卒于官祭酒胡儼稱其為通儒有素履集後以子鑑贈吏部員外郎

林鴻

林鴻字子羽福清人洪武初薦授將樂訓導居七年擢膳部員外郎高皇臨軒試龍池春曉孤鴈二詩名動京師時年未四十也高皇操下廩〻鴻性脱落遂自免歸〻肆力為詩其後言詩者以鴻稱首林敏陳仲完鄭関林伯璟張謙趙迪諸人皆鴻弟子二玄尤著

周玄

周玄字微之閩縣人永樂中以薦為祠部副郎

其詩瓌奇託興悠遠所論著多軼不傳

黄玄

黄玄字玄之本將樂人鴻訓將樂時玄為弟子鴻亟稱之玄益嚴事鴻及鴻家居玄遂挈妻子入閩已而以貢入成均老矣授泉州訓導卒趙迪字景哲有鳴秋集張讓字友讓林伯璟字南平訓導仲完敏閑自有傳

鄭定

鄭定者閩縣人字孟宣善擊劒工古篆行書陳

有定辟為記室有定敗亡入交州久之乃還居長樂洪武末用薦授南平訓導歷齊府紀善國子助教有詩數卷曰滄菴集

高廷礼

漫士高廷礼者長樂人也初名様字彦恢其先張姓贅居龍門高氏從其姓故稱高漫士云漫士少與陳亮王恭為布衣交詩數百篇號嘯臺集嘗纂唐人詩揚扢上下自正始至旁流為十餘品然其宗指則歸于開元天宝間品彙拾遺

正聲凡三種百餘卷唐詩三百年風調正變此其大較也永樂初召入翰林爲待詔遷典籍着詩數卷號木天集廷礼爲人惇厚有至性事親孝與人交無賢愚新故如一其於山水畫極工容逺廷礼覔畫輙自戲曰令我作無聲詩耶人稱廷礼有三絶云

陳亮

陳亮字景明故元諸生也其學無不窺明興累詔徵遺逸或推轂亮曰唐堯在上下有

箕頴除時清游戲泉石間吾遂矣豈願仕哉作讀陳摶傳見志山中作小楼曰儲王多藏名書又作草屋滄洲中與名士王恭高棟為文酒日過從暇則涉歷名勝尋僧問偈意豁如也亮為詩中澹悠然有陶孟之風

王恭

王恭字安中閩縣人也環閩皆山恭家故貧則採樵往來山中自命皆山樵者恭善為詩援筆纚纚二千言立就永樂初以薦至京師年六十

餘矣頃脩永樂大典同郡檢討王偁共事戲言君無以會稽章綬來耶恭笑曰吾山中斧柯幸無恙君無誚我為大典成試高等授翰林典籍頃之投牒歸著詩數十卷號白雲樵唱在金陵曰鳳臺清嘯歸田曰草澤狂歌廬陵解縉稱其布衣蕭然不慕寵榮强之而起朝陽鳳鳴此足以槩恭

陳郟

陳郟字安中閩縣人洪武中貢入太學舉丁丑

進士第一尋中飛語瘐死獄中郊有文名於堪
輿星曆樂律諸書莫不精究殞于非命人至今
哀之

陳中

陳中字孟膚閩縣人博學攻文書法尤精與林
子羽鄭孟宣華友善洪武間以薦教授衢州尋
擢汞州府同知潮州知府所至有惠政人稱文
章太守

鄭関

鄭閑字公啓閩縣人有志操不爲迂儒學師事林子羽有石室遺音

林敏

林敏字漢孟長樂人與二玄華爲詩社永樂間以才薦不就號勁所又號青蘿山樵

林紹

林紹字淳祐長樂人能詩尤工長律邑人王恭王廷支薦于朝徵之不起有林泉清響集同邑有馮自牧者名景約字敦素以詩名

鄭愷

鄭愷閩縣人其文自成一家詩歌古淡有集數卷

馬英

馬英字德華福清人鄉薦同知以詩名唐泰字亨仲閩縣人洪武甲戌進士授行人歷浙江按察僉事陝西副使泰善詩與黃濟革號閩南十才子又有唐翰林震者字士昌華而早萎詩軼不傳

顧文

顧文字在忠莆田人長卿之從孫也幼誦書日記四五千言爲文秀整洪武中以名儒薦爲興化訓導教諭將樂金華九江三邑宣德初致仕正統間卒祭酒李時勉爲傳族子孟喬正統進士歷南京刑部郎中致仕有文名

林品

林品字魯瞻莆田人革除間鄉薦訓導蘇州秩滿諸生詣闕乞留又九載陞程鄉教諭改仁化

移疾歸家無甔石之儲泊如也凡名家屏幛必得喦詩翰為人所重如此以子祥鳳贈御史

鄭洪

鄭洪字公量懷安人幼孤刻意古學家屢貧泊如也詩有唐人風致為文不事富麗

王鍵

王鍵字時鑰侯官人永樂中以薦授繁昌主簿改山陽秩滿最績
賜勅褒之擢陽江知縣卒鍵善詩文有鼓缶心

聲二集
陳輝
陳輝字伯煒閩縣人永樂乙未進士歷貴州按察僉事久之陞廣東副使永蘗之操老而愈勵年七十致仕輝善草書工詩有存菴集
黄約仲
黄約仲名守以字行莆田人也永樂初以名儒應徵
文皇試上林曉鶯天馬歌擢第一授翰林興籍

預脩永樂大典四書五經及性理大全諸書書成進檢討在翰苑二十年疏乞終養約仲精楷法其詩清婉入唐人門徑

鄭旭

鄭旭字景初其先自壽春居閩旭有文名與王偁匹洪武中用薦充國子掌儀上幸太學親選侍東宮坐飛語謫吏居滇餘二十年山中有介蟲曰箐歲為民患藩臣命旭為文驅之箐他徙患遂絶後舉明經授高安訓導

尋卒所著有詩經總指初學提綱詠竹稿子瑛

珞孫亮堂俱知名瑛少從王偁遊與林誌交年

十六作荔枝傳偁奇之兩舉鄉薦官終文學珞

別有傳

朱鐸

朱鐸字允學晉江人弱冠第永樂進士戶部主

事簡伉寡合家居請文者踵相接卒年九十

吴希賢

吴希賢字以行莆田人天順進士改庶吉士與

李東陽齊名授檢討預脩
英廟寔錄卒官南翰林侍讀學士為文意新語
壯詩亦奇俊

黃瀾

黃瀾字仲璧莆田人少與鄭瑗齊名登弘治癸
丑進士改翰林庶吉士授編脩以母老乞歸終
養後充經筵講官有規諷語轉司業侍讀學士
致仕卒瀾問學淵頴儀度閑雅子肯堂鄉薦早
卒文名如其父

林魁

林魁字廷元龍溪人弘治壬戌進士歷户部郎出知鎮江府入覲奏記銓衡言時政得失擢山西提學副使調雲南兵備陞廣東叅政致仕魁有文譽請者無虛日年六十九卒所着有白石稿歸田録

李堅

李堅字貞夫長汀人弘治乙丑進士歷官户部員外忤時相乞休進秩郎中歸授徒講業文章

傳贍可喜嘗纂脩郡志

張元紳

張元紳以字行莆田人與吳繹思諸人結社放情世外嘗脩八閩通誌弘治間郡守陳效請方伯周瑛編脩黃仲昭輯郡乘兩公亦推轂元紳龎眉矣卒年八十有三同邑洪永紹以字行嘗以儒士兩校省試儁涉群籍

孝廟康陵二寔録咸淂操役里人稱兩宿儒云永紹卒年八十有九

李文利

李文利字乾遂，莆田人，成化庚子鄉薦，思南府教授。嘗著律呂元聲，據呂氏春秋幷隋志劉恕通鑑外紀所載伶倫制律黄鐘之宫，因而詳考，以三十九分正司馬遷九寸之誤，以以太極陰陽五行由一生二，由少及多，見黄鐘數少，極清正宫聲為極濁之誤，以正徴循環無窮，正隔八相生，往而不返之誤，畫圖正統凡六卷。楊廉稱其天授獨見。嘉靖三年，副使范永鑾請于朝以復古樂不報范略為閩藩伯從其兄元講究是書序刻之二范皆文利所録士也其後漳人吳朴者博覽精究著醫齒問難萬餘言述天文地理内安外攘之政而及於樂律所說與文利稍異予讀其書不能盡解也朴為郡諸生跅狂後坐事瘐死其書故不顯予所藏抄本篇籍具存

龔道

龔道字士行寧德人未冠侍父膺官金臺已著

文名領鄉薦卒業南雍謁詩者踵接于門未官卒林瀚悼以詩比之賈生李賀云

林謹夫

林謹夫名樞以字行更字世玉閩縣人成化甲辰進士景寧知縣歷杭州真定徽州三府同知嘗脩福郡志考斷精審雖未成書用心亦勤矣所著書數種俱軼不存

吳仲珠

吳仲珠字純夫莆田人第進士令豢鳥以公錢

助袁為御史所按拔劾而歸家居授徒自給經傳異語人不能解者仲珠為闡發詳透聽者解頤為文洗刷凡近探抉真奥所著講説海内知其名

李廷梧

李廷梧字仲陽莆田人弘治己未進士知桐鄉入為御史以忤逆瑾下詔獄後事白轉大理左丞罷歸廷梧肆力古文倘佯山水間閒適之趣時發於篇章鄭司馬岳

最工藻翰廷梧與之角勝著述甚富

陳騰鳳

陳騰鳳字士遠莆田人肄業庠序倜儻不羈少保林俊著作壇場御史林有孚者俊所鑒拔也有孚素習騰鳳一日請草瞻紫亭記有孚具魚箋戒楷寫楔之中堂會少保過有孚大嘉賞以吉長進乃爾耶有孚以騰鳳告因爲鳳介少保相見討藝極歡騰鳳文譽飈起後登正德辛巳進士官民部郎中時少保起爲大司寇鄭岳佐

本兵寓卿間日以文字相屬未幾卒于官騰鶱坦直無他腸但沾沾自喜又好貽人過間以取忌丘秉文嘗曰士遠固能文第非少保誰解今之時求如騰鶱者豈鮮独無少保解耳士遠浴江集有孚林坡志皆可傳秉文官光禄又工文翰其言盖有感云

王鳳靈

王鳳靈字應時莆田人其先世依舅氏冒吳姓正德丁丑進士授刑部主事治疏復王生云鳳

靈日誦数萬言為文章以氣勝起家比部郎年
甫弱冠乃明習法理如老吏宦官張説都指錢
安等罪當死
詔減戍許贖金諸法吏咸愕然鳳靈独疏論之
竟如法　世廟初有給事陳洸坐罪以議大礼
在宥鳳靈持不可年未三十出為襄陽太守復
除淮安擢陜西學憲政灞州兵備五載遷廣右
大叅未上忌者以考察罷之其文章名高于時
所着有淮陽急槁及諸奏疏字法王右軍人珍

墓之

陳壽徵

陳壽徵以字行莆田人家故貧貞肅林俊初聞壽徵名以為墨客也與之談筆致而壽徵又時時以法質之貞肅後貞肅有詠亦屬壽徵為神以故習貞肅書即點畫亦逼類不能辦會有好事者私以畫軸一通請壽徵作貞肅字壽徵謝之若以我為贋人名色耶後遂不甚喜作貞肅字貞肅聞之召其子考功達語之壽徵慎行愛

及點畫因延就家塾嘉靖改元貞肅起家復用乃招壽徵偕行且欲以文待詔故事薦壽徵也壽徵謝不仕輒以母老辭歸貞肅贈以詩有桃李春風面江河秋水篇之句生平慎交游與方在淵陳汝瀾數往來而貞肅亦推善三人稱為君子云

王宜史作宣

王宜者晉江人也受業蔡清之門蔡殁祭以文謂東南數百年山川精秀独鍾於一人方将伐

百代之蕪穢揭六籍於日星不知者謂我孤孤矯矯雖先生以亦為狂而不經其自負如此弘治中鄉薦初試南宮下第遂不復出洞貫百家時出其餘緒與俗學迥別如記寧德縣學跋文章正宗序蘇東坡集諸作皆非尋常文集若干卷林希元序之

鄭善夫

鄭善夫字繼之閩縣人弘治末弱冠舉進士與何景明李夢陽齊名其文命意多奇其詩興致

深遠近世評者以為得杜之骨正德中歷尚書郎以詩齟齬屢請告家居閩士林鉞傳汝舟高瀫華相送切劘時有十才子之稱善夫以才自負名高側目者衆卒後即族人猶騰謗其寔不然也造物忌多取名君此善夫與予伯父民部交最厚予頗聞其歷履郡志有傳而多貶詞自惜卑下不能為一昭雪鉞字克相進士御史有文名

林春澤

林春澤字德敷侯官人正德甲戌進士歷官郡守辛年百有四歲春澤工詩與鄭善夫齊名善夫以女妻其子少司徒應亮有人瑞集行于世云

鄭慶雲

鄭慶雲字舜祥南平人正德進士灊山令徙知南昌擢南礼科給事中嘉靖初劾中官楊琳不法及留守大臣引疾歸會新制京朝官病過三載罷不叙慶雲閉門肅詠恬如也有延平郡志

鈒溪愧稿

田頊

田頊字太素尤溪人正德辛巳進士嘉靖初歷礼部郎湖廣提舉僉事貴州副使仍督學乞歸頊以文章自喜成一家言多所著述

林炫

林炫字貞孚閩縣人太保庭棉之子也正德甲戌進士歷礼部郎中嘉靖初請告歸炫大臣子年少登第自謂通顯立致既不得意益肆力為

文章賓客填門觴詠自適與邑人袁達張萬里華賡和大抵尚富麗敏捷其寔二子不及也後起為通政司參議卒于官子世璧能詩早卒閩人自鄭吏部林通參後多能詩文有陳中允節之視户部時泰廖博士世貽張教授嘉猷劉知縣鶴翔長史鵠翔黄同知以頤薛教諭欽王助教建中林大尹鳳儀謝宜相葉麟謝啓元徐拱鄉薦未官陳鳴楊邑諸生俱早卒鳴楊有鶴露集嘗作玄真臺賦人稱其綺麗

王慎中

王慎中字道思晋江人弱冠登嘉靖丙戌進士授户部主事調礼曹辛卯主試嶺南所梓文海内傳誦擬擢館職以不謁輔臣為所沮改吏部考功陞驗封郎中謫判常州量移南部山東提學河南叅政辛丑大察銓部始擬不及内批報罷士論惜之歸益閉門讀書誘進後生為文詞馳騁秦漢奇氣逸發後棄艱棘古雅醇深識者謂入歐曾之室第過信親族弗克終其令名

龔用卿

龔用卿字鳴治懷安人嘉靖丙戌進士第一歷翰苑宮坊南國子祭酒詩文典贍有法書亦道勁

陳謹

陳謹字德言閩縣人嘉靖癸丑進士第一翰林脩撰以奉使冊封後至謫官寘嚴相擠之也量移尚寶丞南國子司業用薦改春坊中允內艱歸尋卒謹謙質文雅見者莫不敬愛之擢高科

歷清華惜未究其用也有內制集國子講義詩
文稿藏于家
洪朝選
洪朝選同安人嘉靖辛丑進士歷刑部侍郎朝
選有文名為同郡王道思流亞有芳洲摘稿行
世佐秋官時嘗奉
旨勘遼藩獄事忤時宰江陵張居正意家居與
同鄉劉存德訐詞累世不休劉氏子中以危法
撫臺劳堪承江陵風旨奏逮朝選憲獄斃之張

敗勞亦伏法謫戍遠方

陳言

陳言者莆中布衣也雅有詩名尤長集句落魄江湖間十日適滁上石惟信郡齋商訂風雅吐胷中之奇別數月言死石哀之為梓集句二帙西蜀宋大叅見而佳之乃為叙屬呂守一静刻于郡齋

程久中

程久中字貞甫崇安人傲睨一世頃刻數百言

詩尤清婉嘉靖初以諸生選貢齒冑竟齟齬以卒士論惜之同邑有丘雲霄文名亦盛以貢官國子典籍柳城知縣大耋考終雲霄嘗修崇安縣志邑諸生藍溱江維楨佐之二生皆予門人也

袁表

袁表字景從閩縣人舉嘉靖戊午鄉薦萬曆初授中書舍人終黎平知府表善聲詩步趨盛唐而不失程度有逋客集八卷行世

黄克晦

黄克晦字孔昭南安人泉士工帖括不知四聲克晦以布衣稱詩名在縉紳之上詩準唐風不墮時調是楚人能作齊語者有壮年金陵諸集

徐熥

徐熥字惟和閩縣人永寧令棉之子也棉以易學名家熥得其秘與萬曆戊子舉于鄉數上公車不第肆力詩歌鏗金戛玉諸體擅長喜結客四方聞風造廬者趾相錯蹟屢盤而名逾盛也

卒年三十九所著慢亭文集二十卷行于世

鄧定

鄧定字子靜閩縣人洪武初徵遺佚不起削跡東郊結廬竹嶼同時名士如王恭安中陳亮景明鄧誠子真陳申孟膚相與詠賡古詩冲淡似陶韋長歌宛轉與高棅鴈行惜其無後著述堙沒萬曆乙未八代從孫民部原岳得耕隱集二卷為付鋟鍥閩人為詩者始知先輩有鄧子靜云

陳廉

陳廉字平叔福清人嗜古書法構醉墨臺高廷礼王恭詠歌之又作雲山不礙樓讀書其中十餘年遂以草隸馳名時以為上追晉魏出入鍾王權貴有求多弗應遇故人家即解衣揮洒若不經意而氣勢騫騰為時妙絕晚居黃山自號黃山翁又號雪蓬散人林子羽周又玄有雪蓬草書歌

闖大記卷之四十七　闕　武功傳

按闖大記乃王應山未成之書其卷四十七四十八係武功傳卷五十係善行傳末冊卷五十四卷五十五係外傳即前鑒録也俱未脱藳而歿故其原稿俱闕

閩大記

卷之四十七

閩大記卷之四十八 闕

武功傳

武功傳序

野史氏曰越甲驍雄昔談尚之予稽無諸搖率閩人從番君佐漢祖成大業豈惟冶之劍會稽之竹箭能賈餘勇要其義有足多者六千君子斯非遺胄耶時士數名將率右燕趙謂閩脆弱虛無人嘉靖季戎夷內訌疆埸多事聖天子奮武衛謀元帥寤（此下疑脱寐字）雄畧勇敢之士以潔（傑）外侮即罝兔屠狗釣東城居負郭者往往敵愾策勳建大將旗鼓（字闕）一無人不然哉余先輩尉傑者著於篇

陳有定其先福清人幼孤流落清流明溪鎮傭橋州羅翁

失鵝不歸投宿王氏門外王氏夢虎踞門異之以為壻克
明溪驛卒盜化曹柳順者據曹坊擁衆萬人諸前鋒突入
明溪驛索馬有定飲之酒約壯士收其兵器盡殺諸前鋒
柳順大怒將屠明溪人盡恐有定發老弱登平安寨選士
五百伏山麓柳順步騎千餘攻寨伏起穴其營衆驚亂
有定開寨率賴進孫通胡瑞等疾馳擊之斬獲過半遂拔
曹坊禽柳順歸衆拜為寨長羅翁往賀謂虎踞之祥不虛
矣至正十七年我太祖起濠州元授有定明溪巡檢曹
山馬大甫者柳順黨也犯汀張甚有定禱漁滄教巫言神
遣鬼兵相助急擊勿失衆皆踴躍用命直擣巘其二酋授

清流辟尉二十年偽漢將攻復圍清流有定自平安寨間道夜襲大捷追於寧化復清流以孫通為守禦劉存為總理增脩四門及各關寨守之并攻復連城諸寨縣拜延平路總管二十二年五月有定攻復汀州鑿九龍灘通舟楫偽漢將鄧克明襲延平經畧李國鳳遁去各兵退保福州寇遂攻建寧府經畧普顏不花與僉事揭汯總管既阮 收散卒拒戰外圍轉急城中食此下疑落一盡字 平章完者帖木兒發福州兵從左丞往援謂非陳總管圍不可解有定奉省檄自平安寨引兵入與 椎牛享士開北門空城出戰自寅至午焚寨又敗之菱角塘萬安洲殘賊踐溺死者千餘孫通

尋復建陽諸縣有定復邵武縣餘賊由杉關遁去李國鳳上其功不訴襃之授福建行省叅政時浙方國珍據温台元遣尚書張昶至閩通國珍為聲援二十三年偽漢亡其將熊天瑞獨據漳潭為守有定遣客張伯昂説以合從抗金陵天瑞（此下疑脱一猶字）豫不决伯昂乃還二十四年有定繕福州城二十五年太祖立為吴王命元降將處州統制叅軍胡深廣信指揮朱亮祖及祁興耿天璧等分道來征有定遣賴進與之多伐木斷其枯株置路隅數十里五月深至五戰浦城之南進克建陽有定與阮 合兵四萬屯錦江繞深背斷其歸路深還兵破其寨冒險追奪有定今牽

賴進二十餘人突戰焚所伐木烟燄四合乘險逼之深衆潰被執亮祖已克安（安字上疑脫建字）引兵退保紫溪有定得深解其縛禮之深備陳太祖盛德且援竇融歸漢故事有定怒若既悖（背）主而復誘人耶以深伏銅爐燒殺之有定以延平險固建牙居之命子宗海鎮將樂邑子李宗茂為邵守將宗弟陳子琦協參政阮　守建寧　以元舊臣功高不盡受節制恐有定不相容密通款於吳陽請兵有定自救　力戰死尋表子琦為參政二十六年三月行省檄有定討興泉諸寇盡克之於八月戊寅元以李國鳳為中書左丞有定為福建行省平章政事右丞將佐皆拜官

有定招致文武士長樂鄭定輩在門（幕）下初宗海至晉江與士人趙應嘉語大悅聘至延平有定咨以時務不合諭遣之之連城人沈得衛在幕下欲（此下疑脫一去字）托茸先隴而歸有定每念羅翁而善視其嫗衆皆豫附吏事惟總大綱（此下疑脫以字）廬州王翰德望表授潮州路總管兼督循海惠三州又擊平並海烏尾賊海壇人立碑頌之九路悉歸威震閩中遣架閣馬周卿等修連城冠豸寨（冠字誤連城有冠豸山當作冠豸寨）諸縣險隘如之二十七年增築建陽潭城備禦太祖吳元年也五月戊寅元以以空頭勑付福建行省使有定承制封拜以惟以蕭黃為邵武同知餘無所授時元政令獨行於

閩太祖以元臣多降獨有定拒守與佐佐字誤當作左丞相李善長等謀有定不足畏國珍負山跨海平之由海入閩事乃濟台人葉兑獻水陸夾攻之策九月命御史大夫湯和都督吳禎率兵三萬征國珍有定部下以國珍嘗殺廵海戍卒請救不援國珍遁入海島十月甲子太祖命平章胡美為征南將軍江西行省左丞相何文輝為將軍湖廣參政戴德興隨行率吉安寧國南昌袁贛徐和無為諸軍由建昌取有定美本漢將廷瑞知閩險易故也十一月壬寅胡美攻杉關賴政為守禦指揮戰屢屈退保汀州胡美部將指揮沈仁貴子賢畧光澤下之十二月甲辰邵武守將李

宗茂降丁巳至建陽守將曹服留降沈仁守之戊午敕征南將軍湯和副將軍廖永忠都督吳禎自溫州取福州己未廣信指揮沐英自攻鉛山畧崇安克之次日詔浙江行省平章李文忠出師章溢子存道部鄉兵萬五千從之令部將繆美鎮撫潭濟等兵三萬由衢州攻浦城有定偏將胡琦守禦豪捍[此字誤當作悍]多力殊死戰文忠師不利遣萬戶武德乘雨斫關琦起手及數十人大寒血疑[此字誤當作凝]及雨死文忠進攻無盡寨船山寨而屯浦城胡美沐英俱待海師提至乃下有定自守延平遣兵東西援而湯和廖永忠吳禎徐大興費咨謝得清等由海道殺守海指揮孫通不

數日至福州南臺先明析伯順驕恣有定殺之慮陳同以伯順故怨望徵還同佯笑語有定意雖解猶不使握兵處之福州是月日己丑同首迎降引兵圍西南水部三門守臣曲大遁去和整衆入行省宣政院使　耳郎中柏帖穆耳死之廣東廉訪司僉事獲獨步丁寓福州投井死江西行省郎中吕復攝長樂自經死行臺御史韓準病不起藥死湯和命指揮孫虎守福州自水口舟騎並抵延平隔溪而陣有定遣參政文殊海涯及賴政等數戰不利二十八年正月乙亥太祖即位改元洪武胡美至建寧陳子琦守將同僉達里麻議為堅守計吳兵數挑戰不應四面攻之

達里麻及郡守瞿也先詣何輝營降壬辰胡美整衆而入執子琦送京師以貴子賢守之是日元參政袁仁遣宣尉使闞　至興化諭降元帥王思義葉萬府判徐昇殺　奔泉州耆民自至福州送款時有定六七戰不利湯和奉命招降有定以文殊海涯降緩師而堅守如故和攻西門有定不復出和堰劍水下流水漸及城猶嚴備以待將樂之援上下大兵交至將樂兵不能赴麾下數請決戰有定殺其將蕭院判故多縋城夜遯庶子和急攻之徐大興攻東北廖永忠攻西南有定不能支乃衣冠北面拜入退省堂仰孔雀血以死賴進輿尸出降神武門疾雷震魁宗海自

將樂單騎來歸和并執之遣使撫將樂置延平衛以都將蔡玉守之有定舊部曲據明溪白頭虎頭黃龍青龍諸山寨俱降二月癸卯詔湯和還廖永忠等由海道取廣東胡美留守福建遣曹復疇招汀州守將陳國珍納款是月有定至京帝命胡深子禎手刃之磔於市取血釁鼓抉其心祭深並戮宗海六月丙寅有定故將金子隆攻延平蔡玉出陣於城南橋大破之追於沙縣青雲寨子隆負險拒守沐英兵夾破之追殺子隆拔明溪十八寨而縛其酋馮國保等時福寧洪江等亦有定故將據山寨以叛萬户陳春殺之陳同罷歸民伍三月假行省檄集民兵二十餘人以

叛為駙馬都尉王恭所破禽之光澤餘黨據惠安尋潰有
定餘孽殆盡叅軍陳八者福清人藏有定畫像長身巨目
今其家尚世祀之

論曰有定起傭伍平巴寇累功授職叛者四起獨修職貢
大亂而得便宜猶必宣勅從事藉令以會城把守當與同
事 耳輩為元死事之臣真主龍興不知歸順而負固頑
悖抗螳臂車轍卒以就俘釁鼓為天下笑也噫得王失虜
予盖難言之劉三吾詠其父子死節解縉以為東南烈士
是耶非耶予頗采其行事無令獨蒙惡聲焉

閩大記卷之四十九

善行傳序

外史氏曰大記章往訓來微隱而闡幽也善有足録何論鉅細閩自晋隋以降頗尚儒行夷風丕變趙宋閩號海濱鄒魯其時不獨薦紳珮玉士大夫相與砥礪名檢即田野之氓布衣韋帶之士瓌瑋奇傑卓然以行誼孚于鄉黨者何可勝道予旁諏博采細大不捐竊高其風槩焉

嚴光

嚴光長樂人陳大建初鑿田為湖所溉四百餘頃永利其鄉人今邑西湖是也隋開皇間以下闕

林亮

林亮字仲高連江人有田在東塘坂及比野若干鑿為湖瀦水溉田百頃鄉人至今祀之

林鷗

林鷗字翔鳳長樂人唐開元進士為倉書參軍邑濱閩湖其田所鑿也鷗娶于趙有奩田亦鑿之鄉人號林婆湖

林執中 通志作陳執中

林執中字允之侯官人有行誼累試不利觀察使徐悔賓禮之署官幕下親喪躬負土成墳郡守黎植楊發薦于

朝官終汀州司馬

吳興

吳興莆田人神龍中以家貲築萬壽陂溉田萬餘頃復墘海為田築長堤以障鹵水開溝六十餘導具流時有蛟為孽堤數潰興誓衆除其害

遂携刃入潭斬蛟與之俱死鄉人建祠祀之宋進士鄭褒為傳

陳讜

陳讜字昌言侯官人為本郡長史便養累遷奉韶二州刺史卒讜仁孝謙恭居官餘禄悉與交親共之

林從世李宏

林從世長樂人李長者侯官人名宏初莆田壺公洋三面瀕海潮汐衝嚙旱潦無所蓄泄

治平間長樂錢氏女及從世相繼築陂溪上流隨築隨潰熙寧八年宏應詔而來有僧智日相地下流木蘭山下規築之力開濟百餘以導彼之流作十門啓閉諸濟之水設涵泄疏通斗門所不及復築塘爲田以授於民莆田萬餘頃賴以溉之邑人立廟春秋祀之

李富

李富字子誠莆田人境内成梁凡三十四出南

廓五里許建亭以憩行者凡二又助郡庠之役築瀨海之堤前後捐金錢累鉅萬建炎初粘罕犯順富率義兵隸韓世忠麾下授承信郎宣使張洲聞富材畧辟充殿前統制司幹官辭弗就至今莆稱善士必李制幹云子三人廷輝廷擢廷麟皆得官

林通

林通長樂人登鄉薦元祐間廟學壞通作縣圖經粥之得錢二十萬倡鄉人助新庙李

鄭洙

鄭洙字敎先侯官人景祐擢科虞部郎中初郡未立學洙與試助教黄詢武等請于州始立學閩人祀之

楊友

楊友晋江人政和二年武舉及第歷官知欽州先是交趾與前守争塩利謀舉兵友至遣使通好友宴交使于天涯亭饜交使贑交使嘆頌謀遂寢知廣州故事貢珠令民採取多溺死者友

市於他州以充貢所得恩澤先奏三兄子各一人云

陳覬

陳覬懷安人南唐左司守約之裔也樂周其宗人敞家塾到十二齋訓以義方子七人孫二十八人曾孫六十五人玄孫一百三十人多顯仕今閩中稱雅猶有江南陳之謡

鄭伯淵

鄭伯淵羅源人淳祐間為塾師歳庚午旱年已

七十躬履險阻為民禱于福源潭果雨明年又旱禱如前邑有三溪歲久中溪壅塞水無所泄人以為患伯淵捐貲倡衆疏决流溪復舊邑人頌之

游復

游復字執中建陽人居鄉以經學教授生徒龜山楊時誌其墓深悼其學不大顯于時

袁勝之

袁勝之建安人建炎間張范二寇欲屠其鄉勝

之挺身往説二冦俱從之鄉人賴以免後其孫樞為名臣

吳達先

吳達先字信遇初名天經惠安人政和進士丞建昌後知惠州有子七人兩遇郊霈先奏弟迪老述老其弟固辭曰一官不足為吾弟榮聊以慰母心耳母年八十餘三奉祠侍養不出後改知潮州卒

吳囦

吳囦字子默第慶元丙辰宰邑以最聞主管臨安府北廂擢將作監丞知泰州提舉及淮東塩事

洪忠

洪忠仙遊人慶曆初以家貲造楓亭沙溪七橋邑人陳高紀其事蔡襄以聞勑賜本軍助教仍蠲其役

石晉老

石晉老晉江人政和進士侃之孫晉老以先人

貲產盡遜其兄居鄉敦睦一言不妄發傳康稱爲篤行君子

危翁一

危一者光澤人也家故貧采薪自給汴京失守二帝北遷哭三日骨立而死李炳以詩弔之明嘉靖間御史（原本下文脫逸）

馬安國

馬安國字彥脩順昌人時行舍法絶迹不入城市惟聚徒講學建炎中范汝爲據富沙籍民降

安國不屈死

范旺

范旺順昌人縣巡檢司軍校也初盜俞勝等作亂官吏皆散土軍陳旺素樂禍與射士張袞謀舉砦應之旺叱之吾輩廩食縣官力不能討更助為虐是無天也凶黨剔其目而殺之一子佛勝年二十以勇聞賊詐以父命召之至則俱死其妻馬氏不從賊為所支解賊平旺死所有迹在地隱隱不沒邑人驚異為設像城隍廟歲時

祭享紹興六年轉運使以聞
詔贈承信郎立祠

林致用

林致用字康明龍溪人建炎進士初寓上庠以
行義聞宣和間闢太學
宣聖廟庭致用具劄率府伏
闕請鑾輿臨幸詔可之
上幸太學致用免試礼部歷漳福二州幕官

魏懋

魏懋字覺民甌寧人調虔州雩都令時江西盜起懋誓死守有巨寇謝樵來攻邑治不能克乃遁去後范汝為寇鄉邑有發其先墓者懋即棄官歸比至寇平緝得二凶梟之墓右上狀自劾郡將義之釋不問後知南昌縣

陳耆公

陳耆公長泰人捐田貳百四十畝易他田鑿陂塘三十六區設埤立閘亘數里灌田萬餘畝

陳洙

陳洙字聖準甌寧人知安豐興學脩陂邑民賴之性重義好施予家無贏餘有以貧告貸者鬻産不靳官終奉議郎

林珪

林珪字介卿福清人嘉定間進士累官朝請郎創義塚於脩仁里邑人祀之學宮

王必正

王必正南平人紹定初除漳州通判累官朝請大夫與其兄必學必讓極友愛嘗斂范希文以

郭外田五百餘畝𠷣義庄以資族人又設義田
立塾延師以訓族里子弟子四慈恭懃慤皆登
進士

林國鈞

林國鈞字公秉莆田人高宗朝版授迪功郎加
承議郎致仕閑鄉鄰貧者遣人投貲助之不使
知也嘗建紅泉義學延族子先朝爲師置義田
以贍從學之士白湖去城二三里舊有浮梁紹
興初更造石橋一時有力者又欲移建於木蘭

陂下國鈞謂江澗崖平則無震撃之患遂傾貲倡衆以相其成又砌黄石抵城之路襃二十餘里年九十齒髮落而復作亭曰回年既歿光朝銘其墓後選莆舊家十四人為木蘭陂正副孫恂如與焉陂南岸隄決數十丈恂如傾貲脩築至今與十四人並配享李宏

洪清臣

洪清臣字直侯福寧人建炎進士以清白聞時邑有火災清臣禱于庭既四鄰皆燼其家獨存

人以為清操所感官至朝散大夫知邵武軍

徐昌之

徐昌之字應時崇安人醴陵尉有能聲未幾父母繼卒昌之慨然吾為親而仕祿不及養吾休矣繼調廬陵丞寶慶録叅代期至皆踰年不行竟歸老于家

蔡青

蔡青漳浦人紹興間山寇竊發邑人多避居郡使皇甫某者領步兵千人來援青與邑人鄒進

熊保請自效俱為左翼步兵屬焉屯于縣北門賊以三千人突至西關三人即披髮荷戈為諸士先號于衆曰吾屬當為國出死力遂與賊遇皆殊死戰自卯至酉乘勝深入賊分道夾攻之力不敵三人皆罵賊死邑人哀之合葬于西門外

方綰

方綰者莆人紹興進士知海豐縣歷官俸入悉賙族黨之貧及女之不嫁者嘗買婢得少所從

師之女遂育之如己出擇名族嫁之

方祐

方祐字天貺慎從曾孫也直歲荒即傾囷無吝色饑食寒衣病藥死棺人人滿意有以橋道請者即應之若延壽迎仙二橋脩建皆厚施爲佐其成

龔松

龔松字堅夫寧德人少喪父母稍長繪像每食必獻既冠或勸其娶泣曰二親未歸土吾其忍

乎越数歲克葬始娶兄死非命孫姪患悪瘡躬為洗滌傳藥其妻恐相染松曰兄僅此子吾欲其存活即相染命也

李友文

李友文字仁可仙遊人鄉族以緩急請各如所願或累貿券絶口不言活飢瘞殍貢士貧而無資者為治装築舍如學宮教里中子弟時邑西鄉寇發招捕陳韡辟為官屬力辭尋以避寇走肩輿迨還鄉里招流移安輯之

顏唐臣

顏唐臣者，漳人慥曾孫也。所居巨族里有綠石渡，行者病涉，唐臣於北涯擧土填淤鞭石為隄，至新亭亦數里。諸子皆貴顯。

丘鱗

丘鱗字起潛，連城人。嘉定特奏，尉贛縣。歸時峒寇郡檄本縣畫計禦寇，駐守蓮峯寨，招徠賑助，全活甚衆。招捕使陳韡上其功，辟知建寧縣，終承直郎。

羅祝

羅祝長汀人娶未朞妻卒悉以奩歸外氏契券皆不啓緘時人稱之閉户讀書人罕識其面元祐中以明經漳州法曹祝嘗釋六經及註唐書尤精律數

陳士英卓子信

陳士英卓子信者永春人也士英爲本縣偶總寶祐六年賊患境士英掀髯奮擊爲賊所殺子信亦偶總開慶初賊逼縣境子信率民兵鼓行

死前師潰被執欲降之子信不從遂遇害郡守
吳昺旌二人死事

陳諤

陳諤字昌國龍溪人少遊太學歸教授里人大抵以孝弟忠信為本初在太學奔父喪不踰月而至篤愛諸弟不分居異財崇寧初舉八行諤為首授岳州文學子錫第進士

陳湜

陳湜龍溪人政和間有牙媪遺珠其門拾之媪

将市屋鬻子以償王家湜康知其實盡歸之又因送喪得器皿遺失者悉還其人嘗夢人告汝壽七十二後至八十四蓋陰德之報云

倪閃

倪閃字泰夫南平人儉而好施每出以錢自隨遇貧窶則擲于家不令其人知鄉薦入京施與知家居時累試弗偶或唁之君濟貧為事何屢屈春官豈造物者未知耶閃不為動紹定三年寇起破汀州後縣境官兵獲賊縣獄充牣閃以

愚民伏法且及無辜日飲食之已而賊斬獄出縱火焚民舍火將及閔家賊相與撲滅隣家賴之得免明年大饑道殍相枕籍閔濟以糜粥活者萬計五年赴省隣人多夢豎旗里門書饘粥之功是歲魁時奏除寧國府教授出私帑叔齋舍置贍學田所得俸餘分貽兄弟姊妹滿秩遷廣東提幹卒

黃京

黃京字華叔龍溪人紹興初在郡學與高登友

喜同舉進士調連州户曹以清白稱秩滿歸年未四十性好施與所識匱乏者厚賙之鄉人稱為黄長者

王沂之

王沂之晉江人以蔭歷知新州卒官初曾祖秉嘗立義齋延師儒誨學者中廢沂之遺命子起震成之捐田三百畝為師束脩且餽親而貧踈而賢者真德秀守表為王氏義塾

祝染

祝染沙縣人好施予歲歉為粥以食貧者其子赴舉染夢馳報狀元榜持一旗書施粥之報果特科狀元查通誌特科無祝姓者俔閩傳亦有施粥之報

張炳

張炳字明叔浦城人少有奇疾在太學師事蜀士史載之極醫術之妙歸鄉里無問貧富貴賤有謁必往視不避寒暑亦不責其直所全活不可勝計鄉人德之同郡魏掞之嘗稱為太古遺

民歷任蘄水縣簿禮州録事叅軍致仕卒年九十有一

趙彥彌

趙彥彌字仲高宗室子居龍溪寶慶進士官翁源令嘉熙四年漳州大饑穀斗直五百錢死者相枕籍彥彌捐私廩千斛日一粥以食之不足則糴以繼全活數千人

陳昌祖

陳昌祖字世長龍溪人淳熙甲午漳大飢昌祖

於郡城西門日爲粥以食餓者所活甚衆

陳大年

陳大年字彥永興化人貢入太學同舍生陳仲防病疫人皆避之大年召醫診視不輟已而仲防瘥德之入骨髓後特奏名推官昭州

孫文祥

孫文祥字元吉福寧人開禧間自浦城解館歸至霍童向暮投宿夜半聞内寢慟哭問故夫婦言吾子不肖將鬻此屋明旦當徙文祥曰子孫

市宅為貧也吾為爾謀之旦視其處乃荒塚也心異之果見衣緼袍者以豪右僕從挾錘畚至詰之家貧將遷祖櫃以地鬻人文祥曰慎毋遷傾囊與之後夢寄宿主翁來拜厚恩莫報捧二鳳雛以謝遂孕二子長附鳳次翼鳳後俱至大官

高談

高談字景遂光澤人紹定間旁郡盗起諸子請避談曰四處皆盗無可避者及盗入諸子又請

談曰有宗廟在去將馬之盜至談出曰時和歲豐何忍為此盜詣其家談遺以金帛牛酒猶不釋談曰將何為盜曰吾方東破武陽爾能率鄉子弟從我乎談曰斯何言為至於我唾賊大罵遂遇害然鄉人猶賴以免

梁從實

梁從實者光澤人也淳熙間歲歉盡發所積賑饑日數百人終其身以為常

黃權

黄權建寧縣人縣東北十五里有將溪所經腴田凡十餘里迺入大溪歲泛溢侵齧爲患權自募夫力徙之東山下里人迄今賴之

謝應瑞

謝應瑞者泉之義士也淳熙間郡大飢應瑞捐私錢四十餘萬易米賑鄉井全活甚衆非有司勸分也

詔補進義校尉

鄭君老

鄭君老字邦壽福寧人咸淳進士歸養元初有薦之者竟不起君老家居孝友内外無閒言喪亂之後獨立煢、而守益固

鄭儀孫

鄭儀孫建安人從丘富國學易篤志力行以賢良舉少帝北行儀孫退而著書有易圖説學庸章句史學蒙求性、字訓諸篇郡守吴嘗率幕屬延於學師事之

江貴甫

江貴甫崇安人五世同居款睦為訓子弟不遵約束撻而諭之遂無二志延祐丁巳邑上其事旌閭曰義居因以仁義名其坊隅

劉畆

劉畆字和中甌寧人齡九世孫也業醫樂施凡病與藥貧不能度者施之棺卒之日人無不涕泣

郭居敬

郭居敬晋江人事親承順不違嘗撫孝行二十

四人序而詩之虞集歐陽玄歆薦之朝居敬固
辭
黄元實
黄元實守廷美邵武人天曆庚午鄉薦授郡文
學請告歸至正癸巳邑有妖民為亂令延元實
協謀討賊、奄至遂遇害
鄭天錫
鄭天錫福清人至元間仕古歹丞相兵至天錫
詣軍門願禁侵掠全一方命丞相為斂兵無犯

卒年九十餘

陳成

陳成字公美晋江人至正間年九十餘矣四世同居六葉相見監郡偰玉表其門曰高年耆德桐華詩社賦詩紀其事河東張翥臨川危素序之

趙深道

趙深道晋江人至正甲午歲饑深道於中和堂設粥食餓者所活甚衆既而大疫死者相枕籍

深道造舟施輪其下募衆僧以長繩挽戓沿街
搜索或遇門閉輒排以入所埋瘞不可数計有
司以聞表其門曰義士

伍宗尭

伍宗尭清流人元末盜起宗尭為邑人所推集
士卒設方畧禦賊邑賴以安後江西寇鄧克明
犯境宗尭禦之弗克寇使諭降宗尭明日與諸
集兵决死戰父子五人俱死于賊

吴文讓

吴文讓將樂人元時尹龍溪至正間漳州李志甫叛文讓散貲募兵往擊力戰而死賜謚毅愍子克忠武功别傳

李繼善

李繼善龍巖人至正中賊冦縣治執達魯花赤并主簿囚之逼取縣印因縣為寨署其黨黄得恭主之繼善倡義士曾元德等掩捕得恭盡殲其衆釋縣官之囚邑賴以安其後同邑有林用作者亦倡義殲賊上功授長泰主簿以母老不

就後冦復作右丞相羅良授以百失長亦不就

隱居黄竹坑以壽終洪武中以子瑜貴

贈奉議大夫

林童

林童字本初浦城人三歲失怙事母以孝鄉有死喪煑告者即濟以棺而歛之

楊達卿

楊達卿名福興以字行建安人家素饒裕宗族貧病喪不能舉孤而不能婚嫁者咸周之民有

貧為盜者達鄉周而諭之使改行室嘗有盜踰垣入達鄉覺潛啓户鑰使得出里人李必延將鬻其妻償富人錢達鄉代償之後一歲必延從無賴為群盜圍城邑乘閒來謁達鄉欲挈與俱去達鄉諭以禍福且曰汝能生吾一家孰若全吾一郡必延歸語渠魁悉解去時左丞阮德柔治建寧聞達鄉名自里居迎致官舍為子弟師德柔累强達鄉仕力辭得免歲大饑達鄉欲發廪而惡有其名乃募民樹木于山隨其言樹多

寡先給之粟樹否不問也既数歲木皆長盛中材又戒子孫無自利庸以給民居無室廬没無棺具津涉無舟梁及學校釋老之為宮室者德柔因作萬木圖美之以孫榮貴累贈少傳工部尚書兼謹身殿大學士卒之日孫曾幾百人其仕於中外為顯官者自榮以下代不乏人、以為積善之報云

林原佐

林原佐龍溪人至正末海寇犯漳鄉人築砦文

山自衛官軍圍砦欲盡誅之原佐時避難郡城自備牛酒冒白刃往告于帥文山人素守礼義築砦防寇豈有他帥感其意爲解圍去砦中数千人賴以全活

黄荣

黄荣字惟達龍溪人彦臣八世孫也至正間畲寇李志甫攻漳城荣總義勇平之上功授神山懐安大使秩滿致仕歸賊復作荣率鄉人立柵自保寇不敢犯

雷覺民

雷覺民字將道建安人第進士調漳浦尉改湖州司録太守不以時給粮諸軍喧于庭覺民諭以經制錢代給後當積月俸爲償之諸君感謝而去知南華縣丁母憂廬墓三年後倅鄉郡未老丐歸卒年九十五先是于官所買婢從嫁詢知爲官家遂輟女奩嫁之嘗有盜竊其妻壕覺民憐其貧遺之以米子光遠興化理掾光胄通判廣州

林廣發

林廣發字明卿，龍溪人。力學砥行，郡學聘為諸生師。至正七年，子弼領鄉薦，廣發與偕行至京師，館閣諸老皆延訪之。後以部使者薦，授泉州安溪學職。會寇作，奉府檄招撫，以功改授縣簿。每俘至，委訊諏，曰：「此平民也。」帥檄之，廣發言：「獲於窠穴者為賊，捕於井里者為民，此俘皆里民也。」盡得免。後為漳府經歷，卒官。廣發生平孝友，言規行矩，表正鄉閭。子弼，原功

林弼

弼初名唐臣，字元凱，至正間進士，攝漳州教官，後為少幕，攝龍溪縣。洪武初，徵入史局，改考功主事，使安南，注豐城令，惠政在民，民懷之。再使安南，盡以所餽金珠獻于朝。後為考功郎中，知登州。

林原功

原功元季不仕，洪武初以明經薦，授本府訓導，陞中都國子助教。父歿，復除，遂不仕。

林茂輕

林茂輕，連城人。元末羅天麟亂，茂輕盡棄田宅，徙于北安里溪尾，舉商課大使。歸，茂輕篤於為義，歲歉輒賑其鄉里。初募建晝錦橋，又自建里橋，人以林公名之。卒年八十四。

蕭景懋

蕭景懋，龍溪人，業儒力農。至元間，李志甫作亂，景懋與兄祐集鄉兵禦之，衆敗被執，縛於樹，裔其肉使自啖，罵不絕口而死。事聞，褒之，給錢以

塋

陳元善

陳元善字長卿龍溪人淼之孫也能以詩禮世其家至正末海壖逆兵作亂云渠薛均祥執元善幷妻子脅使從亂元善罵曰吾所畏不義不畏者死賊怒殺之妻子皆不屈而死明嘉靖五年知縣黎良請于御史景仲光祠祀之

方德至

方德至名臨生以字行莆田人元至正進士家

貧授徒與妻廖氏相安于澹泊後廖氏瞽盲父母欲去之臨生切諫遂與終身官永嘉丞代歸遂不復仕

鄭從吉

鄭從吉長汀人至正末上杭盜起從吉至誓衆必殺賊、聞而退縣治荒蕪迺辟其城招撫流亡行者上其功命攝上杭縣時清流有羅仁叟禦寇有功為臨川治中弟仁愛亦以功任汀州判官

陳預九

陳預九福安人至正中有康二得偽劄於政和賊置酒招預九飲出偽劄授之使同亂預九不受奔歸自縊後康二等俱伏誅

楊郎

楊郎者鐵右丞之舍人兒也元季右丞分治泉州郎聞湯和取福州奔告右丞官人世受國恩郎受官人恩國運已去郎願從官人赴新橋死矣右丞是其言俱至新橋凭欄良久曰我有家

事且歸翌日郎又促之復至水濱右丞又言尚有事且歸郎嘆曰吾不忍復見官人矣遂自沉死

顧黑子

顧黑子者楊州人顧圭之養子也洪武圭僑居于泉州後坐事繫獄累歲黑子鬻薪給圭衣食或誘之他適惟俛首不荅後圭得釋復鬻薪易甘腴為養圭戶軍籍第三子閏童當補伍黑子請偕行閏童不事生產黑子乃為酒家傭以給

積其餘為閏童娶妻復極力經營家事上二人衆志謂臧獲而有士大人之行士大夫所為而臧獲所不為者故著之

翁長成

翁長成者崇安農家也家八十口四世同居于福清能承父志敦睦為事妻劉氏尤知大義以宜厥家夫没家人凡鬻笋貿絲之利必入于劉劉悉會為合食計

林圭

林圭字信玉莆田人洪武初舉明經訓導其邑陞寧國教諭致仕圭篤倫紀元季兵起躬負祖母避匿山中諸兄繼歿圭辛苦營塟并㚷從父母及外姻凡數十喪視其子乾教諭如皐遇道殣哀之與同飲食卒年九十四

李誠之

李誠之者龍溪人以孝謹聞立義塾以教鄉之子弟雖居城市有古君子風烈劉道宗嘗言漳人有誠之如夜中孤燈

李長孫

李長孫字元善長樂人鄉有貧不能塋出貲營之嘗鑿田為湳以利灌溉鄉人德之遂名其湳福田

湯農

湯農者寧德人也母年七十病劇思瓜時冬月無所得農至霍童朱氏存一瓜願納值或虧云白金一兩農以貧告少減乃八錢買之母怪其價重農曰但得母痊價不足多也母食瓜其病

果愈

周志

周志字得賢，莆田人。每歲治棺，鄉人無以爲殮者，即令舁去。嘗夜坐，遇偷兒入室，曰：何爲如此？授以米布，令逸。又於東湖伐石砌路。每愛林國鈞爲人割已田作菴、前作亭以憩行者

林書童

林書童字叔文，莆田人。祖廷綱，洪武中爲給事中。書童樂善，有稱貸者率減其息，稍不能償輒

焚券景泰天順間前後施棺踰千

薛子義

薛子義長泰人洪武中邑學諭章參興學五書院子義捐貲助之仍以己地廣學基捨田百畝賑貧生

劉常

劉常長泰人正統九年遷學出屋地以廣其基堅不受直僉事陳祚義其所爲

朱則文

朱則文晋江人幼孤鞠於伯氏德春元末遇賊欲殺德春號泣求代賊感其義併釋之洪武間夢神告曰天賜汝金助汝不給已而果獲金數十錠則文不營貲産悉濟貧乏以子鑑贈右副都御史

林楊

林楊字儀仲福清人世居海孤山洪武初令徙其民于海口海孤田税五十餘石有司猶徵之楊走京師奏讞待勘未報繫獄十有八年宣德

初
詔福建廣東浙江凡民移地盡除稅以楊奏故
也楊子孫多貴顯

薩琅

薩琅字用讓其先色目人居候官母病日夜禱
北辰以身代母絕復甦言神告我而子孝加壽
三十四矣三年乃卒以月計如其數琅平居好
義嘗遊後園得金珠首飾一囊里中人官捕之
逃急而偶遺者悉歸焉買地掘白金盈缶還其

故主其人分半以謝却不受後子琦官禮部侍郎

金應

金應守則亮政和人事繼母與處繼母弟以孝友稱凡飲食衣服必先其弟洪武初以明經薦為儒學訓導遷留守知事後執父之喪尤遵禮

陳庸

陳庸者永春善化里人其先自南宋以來兄弟同居至其孫福世推一人長家政冠過門不犯

曰此十二世同居陳氏也曰三大曰五千曰十千曰三萬曰十四曰廿九曰生曰同曰中咸其著者然世朴茂縣官屢招不至嘉靖元年令紫巖遣吏禮奬之遇徭役量為蠲免庸始一見聞欲申達

旌表輙驚避督學使邵鋭深加嘆賞乃以孫禄

狀廩仍行表勸有家範十四條

吴廣二

吴廣二者大田人也自其祖江八高祖十五曾

祖徐一祖満三父海三迨廣二凡六世同居吳村竈不異薪芻不異財鷄犬不異食應門主客歲遊一人非稼穡桑麻不衣食公事未畢不私營建邑人稱之

周子礼

周子禮者上杭人也洪武間鍾子入為寇衆皆避匿子禮捐家貲誓衆禦賊邑人張愛率所部梁文彪等應之子禮斷食指示衆踴躍爭先賊敗遂出白金分衆金盡繼以家人首飾布帛器

物城中乏食罄周所儲爰勇而好義後罵賊死邑人于赤岡廟祀之

賴天貴

賴天貴者清流人也鄉薦教諭麗水時諸生有逋租及失糧米不能償欲自殺悉以俸金代輸陞鄭府長史家居穴土得金盡歸之官

廖得金

廖得金者南平人也世業農自其曾祖暨昆弟諸孫凡五世同居共爨晨起婦女聚一堂以次

列生治女工男子出治農業長者一人荷畚鍤前行諸子姪各執田器隨之無敢淩躐人謂得全一門不讀書爲儒其家有禮義之風

陳旺

陳旺字邦盛連江人永樂間襲右衛副千户初旺兄死時未有子旺以弟及越數月兄遺腹子生旺撫而教之稍長讓以官旺性孝友每語及其先人輒泣下沾衣事寡嫂尤謹

陳清

陳清順昌人娶盧氏生二子而盧卒清年三十五誓不再娶飲食起居不近嫗婢叅議冐薦檄縣奬之壽八十六卒

江瀚

江瀚者上杭諸生也沙尤寇起瀚避入郡城道遇賊被執賊知其諸生欲使為用瀚曰朝廷教養十年未能報効豈從爾反耶賊怒捽至城下瀚罵不絕口遂被害時清流魏得禮者為縣老人令呂鏞被執將殺之得禮詣賊請代賊併殺

之同邑有丘銅寶者避寇于郡賊攻郡城銅寶募死士數百人挑戰敗賊翼日再戰伏起爲所殺

楊崇

楊崇者連江人也自其高祖連至崇六世同居子弟無私財若田圃所入及商賈所得藏之一婦費有經門以内雍如也其家肆戎籍有司徵之崇諸弟爭請行適崇于孟自外歸以世嫡毅然于役成化間有司以聞旌之

陳璣

陳璣延平人宣德間入太學會友林尹病劇璣來問尹僕方發囊匿其遺金幾二斤璣亟斥之為封其囊尹死璣取金穴之一為斂具封餘金并行槖攜櫬歸塋

林清

林清字自源懷安人每歲除必袖金數十囊行里巷聞有貧而愁泣者即潛擲金門內年九十無疾而終富厚累世

陳宗孟

陳宗孟名公孫以字行寧德人鄉薦入太學即乞歸養親歿廬墓三年永樂甲申進士知易州為諸生時上書陳五事于運司罷設塩場鄉人德之子姓同居庭無間言子源清衛知事致仕所得俸資盡散親舊布衣時常捐資為孤姪贖產娶婦人稱其義

徐士耕

徐士耕漳浦人宣德間縣葺廟學以前路偏狹

諭民割地士耕與姪朝紳欣然從之通判閔諒損其直不受後鑿泮池任耕復捐地數畝邑人義之

張彥祥

張彥祥者順昌人也正統間沙尤寇發擻禦賊屢摧其鋒後爲所獲以白刃脅降彥祥曰我良家子從爾而生不如死賊怒支解之至死罵不絶口同邑有饒伯員傅福保亦被寇掠罵賊以死其時州人有唐孟光孟遠兄弟莊伯和俱以

團結禦賊兵潰被執死之

張秉和

張秉和者上杭人也天順間溪南寇發執秉和令跽曰我良民豈跪賊耶賊欲殺之傍賊復令跪可免死秉和厲聲豈可復跪遂遇害

李剛

李剛者泰寧縣學生也正統間沙尤寇發剛與鄉人同匿山間一日出遇賊、脅剛從亂剛以義責之賊怒令跪剛不屈而死顏色如生

林観

林観字善甫寧德人光祖之子鄉舉教諭四縣在程鄉嘗陳六事稱旨被召辭以母老得歸養邑有陷海田税為民患力請于有司不省後有
詔蠲除民賴之改江山致仕歸足跡不入公府以子聰貴
贈都御史

陳舒

陳舒龍溪人刑部員外郎彧之子也正統間沙尤

寇亂其黨楊福率衆數萬圍漳州舒爲諸生員重圍詣備倭指揮顧斌營説其引兵入援又捐家貲爲兵餉仍越城至玉洲諭富人鄭秉款等輸粟助軍需賊用雲車攻城舒復献計募死士執長斧斫其輪賊解圍去城賴以全後領鄉薦以母老不復仕聚徒講學家居百口合食富道憫其貧有所餽遺輒復推賑

張子成

張子成福安人也成雖鄉民而有生行有同姓

年十六自浙来依之即撫恤為婚娶分産贍之不異己子張姓者其里人也逋官銀二十五兩督責甚急將盡鬻妻子以償成代之完輸不責其償人稱大德張公

蔣文臺

蔣文臺字彥高福寧人也人苟不給輙賙之弘治初御史宗彝舉善行三人旌之文臺與杜子新與焉俞棫子新福安人吴江教諭令蕭韶重之有糧役數十人得罪合百金逸子新求解堅

拒不納

俞緘

俞緘字德茂福寧人先子衆分産時以五之三與之没後所居火將及緘柩在殯獲免人謂善行之報先稷字德馨亦有行誼

鄭師

鄭師者福寧人也宿遷訓導州人有解果品上供者多浥損涕泣求濟挈囊助之不責其償福安張景真遭剽掠凍餒瀕死非素相識解衣匕

之給以路費宿遷高令不相能後知其行誼遣

二子就學

吴海

吴海者上杭人也成化間溪南寇掠流移者衆

海惻然散粟賑之明年賊復發海率民兵擒斬

賊首鍾三等若干人攻戰于峽頭之麓伏發遇

害

張懋

張懋懷安人成化鄉薦官河南藩幕年老還鄉

里正德門江淮群盜縱横懋以俸市藥物數十囊其于貧之多得數十全懋驚叉其人誤與也舟行已二百里懋勅于持往還之居家周宗族尤厚

鄭瑶

鄭瑶清流人爲縣刑曹景泰初賊攻徐卿村民皆逃竄有楊海逕踣狹賊追迫瑶挺身與戰自午至申被數十創賊畏其勇而退瑶倚巖僵立而死村民四百家悉賴以全

江寧宗

江寧宗泰寧人正統間與兄寧祖奉二親避寇登雲寨日久乏食寧祖出求衣食為賊所縛欲殺之寧宗詣賊代兄死兄曰吾有後弟亟歸養父母撫吾子幸矣相讓久之寧宗乃謂賊曰吾家財悉掌於嫂須兄去方可得賊釋兄歸踰日為賊所殺

盧大本

盧大本順昌人事繼母至孝痛弟早世撫愛諸

姪建宗祠，割已田贍祭。濟川橋圮廢百餘年，大本捐數十金倡義成之。同邑有鄧禪福，遇橋梁道踣當建者，必捐貲為倡。又鑿王龍觀前井以便民汲。

陳叔達

陳叔達，福安人。里有盜，叔達諭令改行。盜泣，負不能自存耳。叔達即給田數畝，資牛具種子，俾力耕。

郭惟周

郭惟周者福安人也歲飢出粟為賑不責其償力能償僅納其本有負薪者失銀哭於路將自殞即畀以銀陳周二負富人錢欲鬻妻惟周為出穀代償卒年八十同邑有李應奎鄭伯起應奎歲造棺百餘貧不能喪者輒給之伯起出金贖以貧鬻妻者又一人以罪繫獄鬻妻求脫伯起亦捐資為脫其獄其濟人多此類

李元豐

李元豐者連城人也為藩司承差武平寇亂元

奉憲檄從知縣蔣璣討之轉戰奉利被執罵賊不屈而死璣亦遇害事聞官其一子時同死者有府掾童玘邑民江環俞世旺李賤圭

賴思智

賴思智上杭人也弘治末領民兵捕賊屢戰有功受冠帶正德七年武平有寇張甚監司調思智勦之上首功二百四十九渠魁已殲餘黨遁去思智賈勇長驅伏起被支解御史胡文靜上之

贈武畧將軍立祠祀之蔭其子楷為百户

伍祐

伍祐清流人宣德初大飢就食者日以千計祐開私廩煮粥於白石橋以食餓者閱月乃止

葉秉乾李宗敏

葉秉乾同安人正統辛酉歲飢出稻二千石入官儲以賑貧民已已沙尤寇發秉乾倡義率民兵屢戰不利被執賊脅使從已不屈而死成化初御史塗棐奏旌其門

李宗敏字思文寧德人成化間傾廩賑飢又盡出服器首飾赴州文岐林氏質粟數百石分給衆賴以濟

陳仲餙

陳仲餙字以文寧德人務本力穡貧族姻之貧者雖累負猶賙之不較群盗竊粟數石求得之盗吐實願還其粟仲餙曰爾輩以貧故為此但不可再耳不受所還盗盡感泣

廖篪

廖篪順昌人邑有濟川橋煅渡以浮橋水漲則解纜乘舟多危篪募衆復建便行者于婦蟄所有助費

吴經

吴經者順昌人也友愛異母弟不私財產又割田六十石入宗祠助族人婚塋

丁娃

丁娃福寧人早孤敬事叔父甚謹叔父亡彌年臥喪次嘗著學則全交集古詩話及長溪土産

諸錄

鄭金呂崇年

鄭金呂崇年者順昌人也自少合貲置所得一鑰二壯二家取貲出入不相問者五十年呂遭回祿鄭購地作屋召呂居之一日宴親朋各鉅千兩羸数十金相讓不受以賑貧乏

鄭宗遠

鄭宗遠者福寧人造船沙井濟人捨田六畝給渡夫構亭兩岸憇待渡者

李清

李清字源潔武平人諸生時廬墓篤孝為督學所奬既得廩即以先業讓兄壯年喪偶有子遂不娶開義塾淑生徒捐宅地以廣學門正德庚辰貢為海鹽訓導時分俸以卹賢士卒年八十

王壽

王壽字本仁寧德人有子七人女四人孫十餘人擇子孫之能者應門户餘悉竭力農圃諸婦各勤女事斗粟尺帛不入私室同居共爨庭無

間言

樂哥

樂哥字景福南平人幼失怙恃鞠于母族年二十始歸大穰其家兄弟數人各創屋一楹田八十畝贍之後兄子貿田于人哥復出己婦贈歸納之同居與己子無間姪卒又嫁其女外姪羅亨父母死于寇撫其孤遺業所入歲畜之及長婚娶畢悉歸所畜性樂施貧者賑之貸而無所償者輒蠲之天順初大飢歲貢胖襖邑人不能

輸爲代之成化間輸粟四百石助邊
詔授七品秩子孫至今富厚

曾僊廣

曾僊廣字孔大南平人與庶兄隆俱失怙相依
爲命正統戊辰僊廣兄弟尚幼避寇至芊溪與
賊遇欲停以去兄弟俱弗從賊露刃脅之兄弟
直前爭死賊兩釋之

林埜

林埜南平人正統末著録郡庠沙尤寇起埜率

民兵往戰至建寧高陽里遇賊鼓行而前俘渠魁併其黨一百八十人斬首六十餘級聞授尤溪縣主簿陞廣東布政司經歷

林京

林京龍巖人叅政瑜之子王玄弼者主事叙之孫也沙尤寇刼縣治劉户部死之京與玄弼謀請師要諸路至龍門上坂京遇賊被執脅使拜跪京罵曰頭可斫足不可屈京子綬請代父百拜京叱之父子俱被害玄弼與兄用亨匿山中

賊獲用亨將殺之先茲玄琊與兄謀曰某二子長兄于幼我出就死兄可免也次日出詣賊、殺之兄竟得免時詔安人有塗膺者以行誼為衆所推入城設方畧數尅捷賊遁去能全其城又許尚瑞沈胄皆邑人請兵賛畫有功

周世綱

周世綱海澄人正統間鄧冦攻郡城世綱輸粟四百餘石協力城守冦平

詔旌其門子朝恩弘治中屢率家丁擒海冦有

功其先同縣有陳孔叶者散家貲集義勇與饒
冦轉戰還所俘掠鄉人德之

周源 重見

周源字子濬同安人成化進士初脩計北上鄰
舟夜遇盜源得所遺百金盡歸之知石埭縣入
為兵部主事中官汪直用事嘗被寄旨襲檢朝
紳家至源篋無長物錢僅數十名震京邑卒官
武選郎中櫬歸不克塟憲副邵莊行部哭以詩
有身全白璧無地塟黃腸命有司塟之

張子才

張子才寧化人永樂間舉茂才不就景泰中縣以故事令輸粟冠帶時歲饑子才慨然出粟二百石輸官稟子月（原本闕誤）言衣食既足當推有餘以周貧乏何以望冠帶之賜固辭不受卒年七十餘命具深衣幅巾

蕭源

蕭源字本清南平人為諸生時其弟以户役解料物之京道遇寇掠一空源恐貽憂於母盡鬻

己產償之節儉致甘膬養母鄉人高其行以貢入太學知南康縣歷九載致仕歸貲業一無所

增

張瑤

張瑤順昌人稱貸者輒焚其券給粟帛助棺衾紓人之急宅近先塋每晨必肅衣展掃

袁宗耀

袁宗耀字世明正德鄉薦以母病不上春官嘉靖初教諭銅陵年四十餘未有子妻為寘妾見

之大驚吾日暮何更累人即遣還後妻舉息遂歸老擢開封府教授不赴時年甫五十也家居敦尚行誼父愛庶子分産悉讓其弟

薛僑

薛僑寧德人成化間塋父𡼾碰露篙里作哀些遂廬墓白巖三年靈鵲數十依廬巢棲馴擾不驚一牛觸傷松杉有虎引子傷其牛忽異人蒼頭長爪攜無翅烏紗帽取所炊數人食盡出門遂不見時僑諸生携紗帽者謂其當貴也

王存

王存浦城人年十四刲股愈母疾嘗客福州早出得遺金百両於途即招其人盡歸之其人願酬一半不受亦不告以姓名後夫婦俱百歲無疾而終

施綸

施綸字堯端閩縣人少善賈累貲鉅萬輒施親故之貧者嘗以二百金託徐三賜者貨塩三賜私易以偽金後其人覺之詰綸、不辨也笑而償之除夜過友人鄭建門聞諠聲時建負人金索者甚急綸入言茲何久乃爾相逼券安在弟至吾家為代償五十金唐太守珣循吏也有與建綸輒佐以貲唐推重之

林文孟

林文孟字用時寧德人與友龔敏善龔貧而介衣敝甚韡見踵直餽之不納也文孟密量尺度製之醉中取服陽嗔衣不稱體韡又短窄强龔試之相宜也曰彼棄我取奚不可其賙貧婉曲

如此領應天鄉薦歸至池州疾革號老母者三乃卒子渭沉最著昌行誼如其父有竊貲以逃偵知其人竟置不白沉少孤事母得其歡心兄鴻常病拮据裕其家悉均之兄及妻盛氏皆病劇沉日侍兄所不入私房或怪之曰妻可復兄難再以子愛民貴

贈户部主事

李碩

李碩者莆之耆民也家甚貧嘗於道拾遺金候

之果有鄭氏者哭言逼徵逋鬻田三十餘金爲惻甚蘷賣還之莆人至今談其事

蔡彖

蔡彖海澄人嘗作家教十條少長五十人共爨一錢尺帛不私自彖至曾孫四世義讓之風流于遠邇推官黄直署所居曰四義門時鎮海人又有武守爲龔玉節石平翁三人俱稱孝義有家法

雷瑄

雷瑄字宗器清流人父穩疾瑄割股和藥寇至招集流散三百餘人訓練堅守城賴以全監司屢旌之又以從楊副使斬寇功同賞鈔絹嘉靖閒郡縣相繼奏旌其門庚子歲貢爲訓導

張天禄

張天禄字君錫南平人年十二充邑庠生需廩父以公役坐累歿于京天禄奔往京邸舁父柩歸葬遂絶意仕進家居教授養母時或賣卜爲食以躬行勗後進郡守會延之教子弟有以公

事囑者面斥之胡瓊黄焯以魯仲連徐孺子擬其為人

馬聰

馬聰字良夫懷安人年少讀書别館有鄰婦奔之堅拒不納舊與羅源令遊令得罪瘦死寄槀千金期歲還其家故封識也年四十方育一子僕抱持偶墜而殞聰曰命也而亟逃不則家人將甘心于識量過人如此督學使邵銳廉其賢於諸生殊待之子森大司徒次子楷之生也有

班在面若其已墜傷狀

魏鐸

魏鐸字家振福清人鐸稍知地理不以術自名嘗卜地葬父傍有塚其子請以地市鐸不可曰而翁與吾先人同遊地下可也子市地為貧且遺數金不有其地子文煥今憲長

吳楠

吳楠字彥芳寧德人有人爭輒為之釋有二人同赴省貲各百金一出稍貸一為嫁女至寧德

遇賊乃以己金悉與之賊詰二人背榯爲之隱
即脅以白刃割耳將半不恤也

池貴遠

池貴遠延平人正德三年里中大饑貴遠破産
易米爲粥食餓者壽九十一

胡昇

胡昇字彦明福安人夏秋之交鄉人不給者輒
賑之一日道遺金首飾坐候失者悉還之正德
九年率子弟爲鄉人捍海寇被創死

林坤

林坤字思厚寧德人兄思齊早卒撫兄子琦璧壻躬誨之坤年十九時城西拾一釵守候三日還其主癸未西嶺路遺一囊貯數金蒼頭請拾之坤曰歲歉宜讓後来饑者其不苟取如此訓鄉塾數十年

林琦

琦字師韓母病侍湯藥不解衣履踰月趾腐以母病習醫成化庚子舉于鄉高淳知縣民有病

與藥輙痊

吳霞

吳霞字汝華漳州人爲邑諸生讓所居爲祠堂重脩族譜聯合族人每覽忠孝節義傳輙感激流涕年八十

恩例冠帶先期一年有請者霞止之少一日即爲閏上

陳伯亮

陳伯亮閩縣人中允謹之父也重然諾家積粟

有羅者誤遺金而去急追之呼曰而更欲羅邪何多與吾金其人謝之嘗避倭入城市屋居多與直故主訟之官阮巡撫欲罪其人而令減直歸中允伯亮不可吾避城急於問舍雖多與直不悔也中允乃辭於阮

周冕

周冕字尚禮福寧人娶應氏婦翁早死有義子謀為嗣內外所親以田百畝畀冕主其事冕拒不受也冕又嘗産以祖田盡與其弟應氏卒冕

年三十七終身不娶亦無姬女侍

鄭賢

鄭賢福寧人家故貧嘗拾一金釵訪其人還之有病不克瘞賢助之或言子非有贏餘何庸助賢曰瘞大事也吾盡吾力奚不可爲鄉人有忿摘而欲以死誣者賢曲爲開諭遂已

陳富

陳富字大有龍溪人娶妻醜母欲去之富曲回母意行誼爲諸生最應會城秋試偕行二友並

殁旅次富為棺殮挈其喪以歸嘉靖初貢授永康訓導捐貲脩黌宮轉蒙城教諭東安王教授乞休漳郡大饑守顧四科聞富名請主賑濟注措有方全活甚衆富平生為義甚勇高士蔡烈立石表之

丘命

丘命字福定邵武人同知陸勉署縣事訪其善行為八目曰施粥救荒造舟濟人索米指囷開渠溉田施棺周亡開路便行糴者執事負貸焚

券褒以詩仍旌為八善人家

黄源

黄源龍巖人貧而樂施邑東關外泥淖行者病之源罄家資及教讀所得為甃道費計二百金源未有子年五十乃舉子同邑有連一貫為諸生置義田四百畝以贍族屬輒施棺于鄉人之無告者

吳韶音

吳韶音者莆庠生也事二親生養死哀無不盡

志嘗為二親築墳術者言不利長房宜亟遷韶音不可益二弟即吾益也子大楊貢為永康訓導

林浩

林浩海澄人正德丁卯鄉薦持母喪三年未嘗一入私室兄歿遂不赴禮闈以遼府長史謝事居立祭田以公族人且給其不能婚塟者築隄障海鄉人立石頌之

林瑞

林瑞字朝興連城人嘉靖初貢入京師彭翔胡一貫計偕都下疾作時瑞疾人或勸少避不聽調藥滌器無難色翔殯浹旬一貫少瘥先歸舟次疾復篤其僕且死瑞奔赴之一貫彌留矣殯之封二子遺囊而罄已囊扶兩櫬至留都訃其家比瑞自太學歸二家迎謝輒拒而不受督學郡銳移文奬之

吴汝翰

吴汝翰長樂人嘉靖戊午冬倭寇入境邑令蕭

廷宣召義勇禦賊汝翻率子姪應募屢有戰功賊大合擊汝翻與子廷爵姪廷喬廷簡皆戰死事定縣令旌其一門忠勇給地葬之

暨鎰

暨鎰者崇安縣義民也縣南七星墳下臨重淵往來多陷鎰捐金鑿而廣之蔡參政潮鐫義路二大字于崖鎰又砌南源嶺數百丈為周道行人無苦先是正統間暨孟舟嘗出粟千石賑飢六百石助餉又闢邑西路鎰其曾孫蕭永寧妻

孟舟孫女暨氏蓋世德云

朱玉真

朱玉真者平和人也嘉靖甲寅連歲大饑玉真出粟數百石爲賑流殍死者收瘞之不知其數

林賁

林賁字匡賀漳浦諸生也捐田租一百二十石入學贍貧士歲饑爲粥食餓爲瘞其死者嘉靖丁酉知縣林汝松學諭方星勒其事于石

閩大記卷之五十 闕

善行傳

閩大記卷之五十一

列女傳序

野史氏曰詩書述女德取其貞淑不貳予稽遷固述西京以前綜其行事未及女貞所傳獨后妃數人范史而下始敘列女又不專一操而已蓋哲婦脩家人之道貞女亮明白之節其徽美不殊也豈卿大夫士庶之家而可遺哉閩自貞元以降華風與中州等埒不獨卿材士行卓卓有聞即笄幃粉黛之人勵操振秀輝暎史乘何

可勝道予故採其尤環奇純潔死義不回者書之非尚能捐節與詩書異趣也黄岳呂祉咸有烈配蔡姬曹女悉秉高行附著于篇茲無贅焉

練夫人

練夫人者浦城人贈太傅章仔鈞之妻也天祐中王審知據福州仔鈞獻策合意以為西北面行軍招討使練氏知識過人小校王建封坐法當刑練氏活之逃入江南為將領南唐既克王延政命屠建州建封率所部疾趋城下令軍中

無擅殺戮遣人先入城訪練氏尚無恙乃徒步至其家拜于堂下曰夫人親識内外乞録示姓名當生全之以報厚德練氏言軍賊附亂僅三十餘人乏城居民不下六七萬口若盡死鋒刃妾可貪生乎不若先死之建封感其意止戮附亂者餘無所問後仔鈞子孫累世貴顯今建州猶祀練夫人云

謝氏

謝氏者福寧林世五妻也始自澤頭徙感德場

會偽閩王氏升塲為縣世五巳死就窀穸有謀建垣門將殺林氏之居而夷其墓謝氏新寡奮不顧身襁幼子徒步四千里赴汴京抵浚儀坐肺石三日得訴符下所部俾勿壞後謝没得合塟焉廉訪使孫澤撰墓碑

石氏二女

石氏二女長月華次雪英羅源人也早失父母五代末處州青巾作亂二女俱被掠長者曰吾寧死不受辱也即殺於河次從之

龔氏

龔氏二女，邵武人，父愼儀别有傳。宋開寶間歙賊盧絳作亂，愼儀家盡爲所殺，二女被擄行至邵武王臺香巖寺。賊置酒高會，以二女幼不爲防守，二女遂縊于寺後之小阜。今名其死所爲烈、女臺，百步許有雙塚存焉。

陳氏

陳氏者，建陽余楚妻也。生子翼甫三歲，楚卒。陳氏盡以夫産畀前妻之子，翼年十五即令遊學

四方在外凡十五年迺成進士迎母之官王安石為志其墓

蔡氏

蔡氏者龍溪人田家婦也其夫日與惡少遊蔡屢諫不聽輙涕泣曰汝與此輩為盜矣後果夜携貲物以歸蔡峻拒之曰不改當白之官未幾復欲往蔡力挽而止後衆與寇約遂背蔡以去蔡走呼不返揚言欲告於鄉里衆且駭散蔡雖遭夫毆辱操持愈堅夫迺改行他日其徒敗露夫

獨得免三楚王肇元城劉安世皆贈以文

錢氏女

錢氏女長樂人治平初於莆田木蘭山下刊木陂障永春東南下三百六十流之水未克成功死之可哀也後陂成邑人追祀之

葉氏

葉氏長汀人歸石城賴仲元事舅姑無間言勉夫勵學雖寒素恬如也仲元遊嶺表未還建炎四年盜起寧化直擣石城葉以夫出舅姑年老

勢無所逃俄而寇至里中女婦悉被驅迫棄寧死不受辱或諷苟免毅然莫奪且罵賊自觸白刃賊怒斷其喉舌而死兇女悉被害

利氏女

利氏女者古田人也父卒獨與母居從兄公讓利貲産乘間殺其母逸去女因削髮爲尼誓必復讐歷四方求之至處州湖南遇焉時公讓方挈毬不之覺女走訴官竟寘于法事在建炎間

丘氏

丘氏福寧人陳晏妻也姑病篤刺血寫經以求庇佑姑感夢疾愈平生好義輕財每給食以施囚徒初建寇葉儂坐私鹽繫尉司日久稔知丘孝行建炎閒儂冦縣境戒其徒毋驚動孝婦焚蕩其廬舍即親屬亦併全之隣邑杉洋人避寇附居者皆得免其後孫言應元應俱登科

袁氏

崇安貢士范巖卒于京妻袁氏以其幼子行甫屬之宗人翦髮結菴于縣東黃洋以居誓志不

二後行甫得犖袁氏悲喜交集竟不家食壽至百餘

呂氏

張澈妻呂氏南安人光祿卿璹之女也澈早卒矢志不二歲大飢施粥食餓者焚券已責幾萬緡辛勤教子過竟登進士呂卒時端坐神色不变柯述許穀皆傳賢母運使胡師文爲表諸朝

林氏

招捕使陳曄夫人林氏者仙遊人也紹定間冦

陷汀邵諸邑辭時守延平夫人家居聞變即治行赴辭官舍曰死則同死耳延平人感激相告太守尚爲死守計我輩何恐將士有從辭驅馳者林氏皆集其妻子于官舍與共飲食故人盡死力議者謂辭閑將畧林氏有助焉辭自有傳

張氏女

張氏女名老女永春人年及笄未婚紹定庚寅寇犯邑入山避之猝遇賊爲所掠欲汙之不從度不能脱紿賊曰有金帛埋於家同歸取之甫

入門大呼吾寧死於家決不辱賊手賊怒殺之越三日面如生親黨歎異表其墳曰烈女

廖氏

廖氏沙縣人本士妻性慧解歌舞紹定二年為賊所掠命之歌舞廖罵曰吾恨不磔汝寧肯汝悅耶賊怒殺之時賊張甚欵窺州城廖有娠賊剺其腹視男女以卜進止既女也遂引去招捕使陳韡上其事 詔贈懿節夫人鄉人廟祀之

葉氏二女

葉氏二女泰寧人紹定二年寇犯邑二女與嫂某氏者相結衣裾皆投溪而死鄒應博爲立三潔祠

晏氏

晏氏者寧化柳楊里人也嫁爲曾氏婦夫死守幼子稱未亡人紹定間寇犯邑令佐俱逃將樂令黄桴命土豪王萬全王倫結砦拒賊晏首助兵給粮多所斬獲既賊來甚衆諸砦不能拒晏因黄牛山自爲一砦拒賊一日賊遣人來索金

帛晏集田丁悉裒首飾諭之汝曹衣食我家賊索金帛意在我也汝念主母各當用命勝則以是賞汝曹不勝即殺我無汙賊手乃選百人為先鋒晏自搥鼓督戰使諸婢鳴金作氣賊退鄉人挈家來依者益衆晏輙助其不給又得其弁力復與萬全倫析黃牛山為五砦選少壯充義丁有急則互相應援賊屢攻不克知南劒州陳韡遣人遺以金帛晏悉散給其下又遺楮幣以分五砦賊平為請於朝封晏為恭人賜冠帔

榮之一子補承信郎

黄氏

黄氏名叔字致柔邵武建寧人也幼通経史能詩文詞翰俱美適同邑進士王防防為泗州户曹卒黄挈其柩以歸未幾黄母卒乃哀毁如不欲生服除親戚議改適廬陵令安雅黄聞之泣曰使我九泉之下何面目見王司户遂以憂死臨没屬其妾吾所為詩文何忍棄之其以為殉妾乃以諸稾置柩中其父拾遺尚百餘篇有詠

竹詩勁直忠臣節孤高烈女心四時同一色霜雪不能侵

聖姑

崇安聖姑者不知其姓里中有道子聘為妻甫歸未及合卺道子暴卒姑遣還曰毋自苦聖姑拮据奉姑他郎厚賂不能奪逾十年姑没躬為殯歛力築墳塋復有富室子謀娶之廼毀形茹素閉户誦經一日無疾端坐而逝邑人不知其節而神之非惑耶

文紹祖妻

福清縣文紹祖妻某氏者，賢智婦也。紹祖有子與紫公行議婚，既問名，紫女忽感風疾，紹祖欲爲子更聘，其妻切諫不從，廼大恚：我有兒當使其順天理，自獲久長，若悖禮傷義，是速禍耳。紹祖廼爲子娶紫女，于歸次年，紹祖子登第，紫女風疾亦痊，後生三子皆登第。

黃氏

陳得環妻黃氏，德化桃源人，合巹期年，得環服

役客死黄亟圖尋夫屍歸瘞母怜其年少其無子逼令他適黄恐不免一日假澣衣投門前溪水死

鄭貞娘

鄭貞娘者福寧鄭日靖女進士君老之女弟也許配林森未行元兵南下寇掠里中小婢奔告貞娘神色不動取剃刀自刃死仆于床猶執刀不脱賊相驚而去君老被傷見貞娘流血淋漓撫尸大慟刀始落時德祐元年甫十八

林氏

劉仝祖妻林氏福清永福里人公遇之女也宋亡其兄同與仝祖起義兵俱死之林氏爲有司所執令具反狀林叱之林劉二族世爲宋臣欲以忠義徇國不濟天也何爲反乎汝知去歲有以血書壁而死者是吾兄也吾豈受汝等辱者遂遇害

黎氏

黎氏者邵武傅君用之母也孀居事姑甚謹如

是者四十餘年天曆初姑年九十有九是歲臘前三日黎氏疾革姑問之黎氏言老人善自愛三日後則為百歲人矣有諸孫在可無慮言訖而卒其姑戚然三日亦卒郡守西達謂孝固難能壽豈易得乎為立眉壽坊以旌之

余氏

余氏名正順昌人年十六父從周許妻甌寧黃壽明年將樂土豪王馬滎者欲强委禽焉正告其父婚姻之禮寸帛為定吾寧死而不失節父

以其辭辭之又明年于歸黃壽来迎土豪遣人要諸路殺壽而奪正正紿之吾夫既亡勢不得不再適待吾至家受汝主聘禮方可其人從之正乃扶黃柩歸白于官土豪坐誅遂卜壟其夫自殺以殉時至和乙巳歲也

翁氏

翁氏建安人福寧州同知達觀之女歸同邑朱塡者文公六世孫也塡為長泰令之官三日詣郡寇卒至攻縣陷之翁氏有二女諭以貞潔自

守二女先赴井死翁引佩刀自殺賊相顧嘆息全其子鎬

阮二姐

漳浦縣有阮二姐者夫早喪自經以殉監邑賈徹都刺禮瘞于縣北門外署烈婦阮氏之墓

蔡三玉

蔡三玉者龍溪陳端才妻也隣邑盜起掠其鄉端才與三玉之父廣瑞各竄去三玉獨與父妹出避隣祠中盜入砍父妹見三玉美與隣婦毆

氏同驅納舟中行至柳營江盗欲汙之三玉誑言吾衣濕宜更而從汝賊往取衣三玉遂投江而死越三日屍浮依廣瑞舟側撥去復至廣瑞移舟上流屍亦逆流而上怪而視之其女也歐氏脫歸言狀憲司上其事命旌之仍給錢治塋事

陳氏

柯宗實妻陳氏長樂人希亮女也至正間海賊掠其鄉陳念其父希亮老且病亟奔歸欵扶父

以避為賊所執逼之登舟遂自投于江其父方卧見女至呼之不應既而自賊中歸者言陳氏死事乃知其鬼也屍逆流而上夫取斂之女弟適杜時賊至杜外出姑曰汝年少盍逃陳女言夫不在逃將誰從賊突入擊姑仆地婦抱姑號泣賊掠之而去陳戟手罵賊賊斷其臂乃死

林娥

林娥者古田儒家女也時邑有建寇民皆避山中娥為強暴所迫露刃臨之不屈遂遇害眾義

其節擒賊收瘞

林愈娘

林氏名愈娘沙縣劉國美妻也至正末江西冠鄧克明攻破縣治愈娘失夫所在匿草間爲賊所掠至安濟橋顧語被掠諸婦遂抱其子投河而死詔旌之

陳義姑

陳義姑名中長樂人年及笄父碩翁兄壽文繼亡母又病失明兄遺孤坦生三月兵坦母鄭欲

他適義姑留之不從姑遂誓不嫁養母而撫孤姪族人有利其産者每欲害坦姑備之得免母卒姑襄大事并其夫兄之喪坦長爲婚娶姑年三十八竟不嫁而卒坦服斬衰三年

蔣國秀妾

蔣國秀妾陳氏名道囬古田人至正十三年紅巾寇亂道囬太姑蘇爲所虜陳詣賊懇代其死賊殺太姑執道囬欲汙之道囬自刎死詔旌其門

林福使

林福使福寧人父天成爲袁天禄參謀天禄屠其家福使未嫁天禄悦之驅以行女唾曰山賊不仁不義吾父母何罪而殺之吾恨不剐汝以報父母肯從賊爲妾耶天禄怒斬之時兄嫂陳婉奴倉卒抱嬰孩與婢戌姑從後門遁去夜匿堂源莊後以首飾收遺骸年二十四孤未再適潜移伊母家紡織養姑其母諷適人陳泣曰棄老稚而他適禽獸不爲即自縊幾絶母奔救乃

免洪武戊午姑歿將瘞夜夢人語姑墓地在西南林嶺方家洋翌日如夢得之既瘞携孤廬墓半歲而返卒年八十三

胡淑娘

胡淑娘福安人黄汝大妻也孝奉舅姑一子應延三歲夫卒胡年二十三誓志孀守時邑被寇且旱荒胡出粟百餘石賑之橋梁圯廢輙捐貲營造縣為立經濟坊

劉氏女

劉氏女者福安人也至正間大安社掠鄉村有袁安文者欲汙之女誓不受辱且罵賊安文怒擊之幾死乃捨去經年傷始瘳

張義婦

張義婦者本鄉平人李午妻午從子零戍福寧午客死張力作養舅姑凡四刲股療其疾舅姑既沒喟然嘆曰夫死千里外不能歸瘞以二親在不能舍之而往也親殁矣夫骨猶不獲歸若妾者生不如死矣乃卧積冰上誓曰使妾能歸

夫殯終不凍死月餘不死鄉人嘆異相率贈以貲張大書其事于衣由鄒平至福寧五千里閱四十日而至見零問夫塋所則荒莽不可識張哀號幾絕忽其夫憑童子狂言將死時伏指示塋所如言得之西郊夫人檢持骨祝之爾誠妾夫入口當融如雪黏如膠已而果然有司上其事請給復使零護喪歸濟南至正間旌其門

黃氏

黃氏者泰寧士人元實之女也至正十三年鄉

有惡少爲亂邑令咨謀討賊于元實賊奄至元實遇害女被髮徒跣奔父死所撫屍哭踊賊憐其色欲汙之女罵賊不絕口遂遇害

官勝娘

官勝娘者邵武建寧農家婦也夫方寧耨田勝娘饁之遥見一虎方攫其夫勝娘棄饁奔往赴救挺連擊虎虎舍去勝娘負夫至中途而死有司以聞詔旌之復其家

危氏

危氏光澤人朱温妻也至正二十年寇陷杉關危氏被執罵賊死之夫亦遇害同邑李氏陳氏

李氏

李氏者上官成一之妻也至正末寇陷光澤邑人依烏石山王隆宮以居隣寇乘亂入山剽掠李被執縛驅至龍床石岩其下深不可測李奮力曳繩與賊俱投崖下而死

陳氏

陳氏者危萱妻也至正末寇陷杉關驅掠男女

二千餘人栅居里之金靈山既而盡殲其人陳興萱俱被執至隱將嶺賊索金帛不滿所欲萱被害脅陳去陳戟手大罵賊遂併遇害子磑方七歲伏父母屍不起血流遍體賊携而去

龔三女

龔名安晉江人有三女長益適柯允中仲源適行肴理問張仁季婉適劉允正三女早寡舅姑皆先卒無所依及終夫喪咸挈幼孤依其父以居志操不二陳方山稱三女同氣同節古今未

有也

王氏女

王氏女名珠娘晉江人省元冑之孫女也生于元季涉獵經史年及笄遇盜剽鄉落闔門奔竄珠娘爲賊所執恐見汙紿賊我生死惟命惜有寶玉藏于家無知者盡同取之盜以爲然至大溪深處出盜不意赴水而死處士林周員哭以詩匹諸竇氏女

鄭氏

鄭氏者建寧路照磨雷景焰之妻也紅巾盜起掠其村景焰及父俱死于賊鄭有容色義不受辱遂自殺盜捨之而去次日復甦一子弱齡撫之成立竟完節以壽終

毛氏

毛氏名清建寧府人早適人至正己丑寇亂闖門走避毛氏度不能脫大書于壁寧死不從賊賊至毛氏自刃刺其首賊殺之事聞獲旌

李氏

李氏名智貞浦城人鄭全之妻右丞肢之母也七歲母病調護甚謹父以智貞許全後客邵武土豪陳良慕其聰慧欲强委禽智貞斷其髮以死自誓良不能奪竟歸于全泰定間全病歿智貞號泣數日不食而死元季旌其門智貞長於詩有静方集陳旅序之

徐氏

徐氏名彩鸞浦城李文景之妻也畧通經史每誦文天祥六歌輙泣下元末青田賊爲寇彩鸞

從父嗣源逃山谷間俱爲賊所執賊欲殺嗣源彩鸞爲父請代賊舍其父彩鸞告于父兒義不受辱必死之父可速行賊驅彩鸞至桂林橋題詩壁間惟有桂林橋下水千年時照妾心清厲聲罵賊投水而死

黄妙銖

黄氏名妙銖松溪李述父之妻也元末青田寇侵縣治黄氏盛年與群婦逃山谷間爲賊所掠大哭伏地賊驅以去行數里經高崖數十丈遂

投崖下賊以為死矣舍之而行至暮夫蹤跡得之幸不死遂舁以歸

管氏

管氏者張守方之妻也至正末木磔寇攻邑邑士女皆驅執以去管氏年二十餘義不受汙自刎死

黄氏

黄氏者松溪葉繼生之妻也洪武間慶元山寇掠其村至繼生家繼生驚走賊揮刃砍之時黄

氏匿暗室中見其夫被傷即呼號奔救以身翼蔽賊亂砍黃氏至氣絶不動相驚棄去夫得不死

鄭氏

鄭氏者政和吳景文之妻也洪武初末溪寨寇至鄭氏及女侍千餘人避山谷中寇進逼之鄭氏自投崖下有棘刺鉤其衣久之復墜故得不死而折其右足時有一女同投崖骨肉俱碎餘皆為賊所掠鄭氏子瑾甫週歲棄草莽間寇退

亦無恙皆天所相云

李氏

李氏者邵武建寧縣危安童之妻也年十七適安童生一女甫三歲安童貢入太學授廣東陵水知縣瀕行謂李吾二親老又鮮兄弟其代吾為養李諾之後安童以事遠謫卒于配所訃聞哀慟幾絶舅姑怜其少欲令改適李以死自誓舅尋得疾而啞姑多病家益落李勤紡績奉養舅姑俱以壽終李孀居四十餘年始終一節

李畫娘

李妻莊氏名畫娘晋江人洪武初夫以事詣京師莊偕行至崑山夫病死莊棺殮夫槀瘗其地寓書歸報所親自沉而死會稽胡温有哀辭衆同舟兮孰無良妾身煢煢兮良獨亡良既瘗兮海之旁妾化精衛兮與良翱翔

王氏

鄒孟妻王氏福清人孟别有傳洪武間孟爲御史鞫罪人其人鬩孟他出致賂而逸王氏急呼

邏者獲之孟嘗以詿誤當伏重辟王氏擊登聞鼓乞入為奴贖夫罪上特原之孟後以忤旨死其友人户部員外郎張瑶斂孟遺骸將為歸塟王氏使謂張幸少留待妾矣遂沐浴自經永樂初旌其門

張氏

張氏者閩縣王英妻也英客死張氏扶柩還塟洪武初有備倭武臣欲以重賄逼致之張誓必死置刃自防號哭不絶聲竟全其節

楊玉英

建寧縣有楊原益女名玉英涉獵書史善吟詠年十八許配同邑官時中既而父母敗盟更受黄廬山聘女作詩自經邑人哀之為立祠

黄氏

方鸞妻黄氏閩縣人年十六適鸞甫四載鸞卒遂自殺時洪武九年也其時有為夫而死者李廣妻盧氏游政妻倪氏魏祐保妻陳氏俱福清人

鄧奴娘

鄧奴娘者光澤人適里中郭子成洪武丁卯子成以人才舉卒于旅邸鄧年二十二子俱嬰孩舅姑老家貧無依鄧紡績躬執婦道事舅姑甚謹有諷更適者鄧泣曰夫行時語妾善事吾二亲勿與我偕行妾已諾之其可負竟奉舅姑終年二子俱成立

雍氏

雍氏者長泰黄伯英妻也早寡家貧賣餅以養

舅姑淪亡雍氏襄事如禮嘗携幼子福磨麵湖頭鄉人廖仲絃奪其磨雍氏籲天慟哭磨爲不轉仲絃驚異還之雍氏磨復轉洪武中邑令葛仲躬奏旌之

杜氏

杜氏者南靖李吼仔之妻也家貧奉姑極滋味嘗與夫採筍入山中夫爲虎所攫杜氏追及之拔虎尾而砍其背虎舍之而去杜氏負夫歸家絶而復蘇

戴祐姐

戴祐姐龍溪人丘孔文妻也永樂甲午夫暴卒戴年二十哀慟不已服除母方氏欲奪其志戴泣不從母竟受鄉人聘戴遂赴水死同邑有鄭順祥

鄭順祥

鄭順祥年十九適吳可賛未逾年夫卒將營壟謂姑曰乞為雙壙與夫同歸翌日告其父母父母謂年尚幼胡為出此言鄭䖍然而歸壙成歛

藥死合塋

潘原小

潘氏名原小長樂人本务山富室女習儉勤頗諳文史十齡父母許三溪林祐父母淪沒女獨處室隣人罕識其面及笄林家益落祐父坐法遠戍偕行遣媒妁告于潘吾父子生死未可知請焚載書更適還其貲為道里費女呼天大慟反所聘物守志不嫁逾二年祐父死戍所還依母居不自給里有惡少許某慕潘姿色託諸親

畐婚諸親利其賄許出妻屏子强委禽潘潛厲祐訴于邑令王公與貞女至縣洛訊丹四貞女以死自誓不忍為禽獸行令稱賢命具卮酒與祐諧伉儷堂下許及諸親悉寘于法邑人國子博士林慈為傳名士詩歌甚夥

蔡瑞金

林光妻蔡氏名瑞金晋江人成化壬寅郡中大疫俗皆畏避不敢舉喪時夫父歿蔡相光治棺斂衰絰哭踊悉如禮既卒哭光亦卒蔡悉出所

藏爲歛光旣殯哭奠數日自縊死年二十二

汪氏

鄭聯桂妻汪氏晋江人弘治十三年聯桂客維楊溺水訃至汪撫膺大慟旣而曰喪夫之人豈忍獨生卽投東廓井死年二十三

羅節婦

羅節婦楊氏者歸化羅仁妻也仁死楊氏年二十無子誓死從夫有諷以他志者楊哭不絶聲甫百日送仁葬歸而自盡弘治甲寅歲也士民

哀之爲合葬名鴛鴦塚云

陳四姐

陳四姐福安人嫁城南吴得珍夫卒撫七歲孤誓不二伯欲奪其産諭令改適陳恐不免乃手先世産業於一紙藏故籍中剃髮爲尼伯猶逼嫁之託歸寧行至高家渡赴水死屍浮隨潮至水田港其兄捕魚乃知其以節死也後成化十九年伯孫又奪陳孫田檢故籍中得陳手書訴于同知馬迪陳貞烈之名始著

林氏

林氏者福安繆思恭妻也有淑德思恭爲諸生誦讀林供湯茗勸督懇至後試貢督學使杭濟語思恭聞汝婦有古樂羊妻之風思恭授臨高司訓致仕以善稱于鄉里蓋得之賢内助云

張氏

張氏者臨清人也福寧王淮娶爲妾弘治中淮知德慶州卒于官張年十九時主母薛氏扶櫬南還獨處小樓人罕見其面服除張父自臨清

來諷令更適張以死自誓雖薛氏微言不為動
有郭都閫者託沈指揮求聘張自經樓上得救
而甦事薛如姑竟完其節卒年五十

張貴娘

將樂白蓮鄉有張氏女者名貴娘沙寇至貴娘
母喪在殯不忍避寇欲掠之恐其不順也飾肩
輿詭言夫家來迎貴娘覺之紿入內死于蓮池
中屍浮如生君子曰難不遠親仁也計不辱身
智也視死如歸勇也一節而三善備焉非烈丈

夫哉同時不受賊汙以死者南平有糜氏名書婢順昌有張文宗妻陳氏沙縣有　妻陳氏反祐溪貞女云天順成化間大田又有郭善英張秀使

官氏

官氏者光澤富人李紹義妻也邑平濟橋圯于水紹義欲脩建未果而卒氏孀居年甫二十捐貲造橋以成夫志遺腹有子名橋生事姑王氏以孝敬始終里中回祿二次俱延二百家氏宅

蜀無恙人以為孝義所感嘉靖初郡守潘旦奏
旌未報

郭真姐

郭真姐漳浦人宣德間父安許嫁同邑許惟長
後真姐手患痼疾許父母欲更娶惟長不可我
不娶此女終無所歸真姐入門事舅姑甚孝謹
不數月惟長病卒俗用火葬真姐於烈焰中自
投死之

李淑明

李淑明龍溪人年十六歸莊士因姑沈氏患風痺扶侍不怠夫病大風聲瞶求醫及卒父欲嫁之李氏流涕曰姑老無依且改適非人理姑殁貧不克葬正統乙巳寇掠其鄉李氏服衰撫柩號慟賊憫之不入其家寇平鄉人義之歛貲營葬

丘鳳娘

丘鳳娘者建安魏宗欽之妻也洪武初宗欽父康坐損庾當刑宗欽欲詣官代父死丘氏勉之使行且誓君能為孝子妾亦能為節婦宗欽就

獄歲餘當決馳書與父訣父不忍觀火之丘意夫必死遂更素衣閉門痛哭自經死後宗欽獲宥歸

張陂娘

張氏名陂娘尤溪彭阿積妻也洪武中阿積溺死張氏年十九哀慟幾絶舅姑欲奪其志許聘之日遂投水死

趙妙琉

趙妙琉古田曾縉妻也早寡誓節事舅姑以孝

聞正統間寇亂舅姑為賊所執趙冒白刃求代其死賊憐而釋之後家又厄於火紡績為養姑嘗遘疾刲股療之事聞獲旌

伊普姑

伊氏名普姑寧化謝子良之妻也正統間沙尤寇至隨家衆避于興善里黄竹山為賊所執欲污之不屈而死

邵氏二節婦

邵氏二節婦者上杭人縉妻陳氏紳妻黄氏正

統間沙寇刼縣獲二婦於梅溪寨欲汙之二婦紿賊此地非宜不若移舟于僻處賊如其言舟至中流二婦各抱嬰兒赴水死越數日屍浮如生兒猶在手詔旌其門曰雙節

張氏

張氏者武平陳萬受妻也二十而寡正統寇亂張避于縣北牛軛嶺遇賊欲汙之不從遂遇害

倪氏

倪氏者政和陳受榮之妻也正統末古田寇掠

縣境倪氏從夫匿山中寇掠其夫盡驅諸婦以去倪義不受辱投溪水死之寇退夫得其屍面如生

徐二婦

徐氏二婦者泰寧人存妻王氏忠妻江氏正統間避寇掃箒寨賊將攻寨二婦泣曰天乎有死而已一日賊至王抱幼女投崖江繼之俱死惟江子福昭懸崖樹間俄頃寨破驅男婦甚衆存忠兄弟俱被傷賊退收二婦葬之

杜氏

杜氏者名全泰寧李祥妻正統間避寇鄉子嚴為賊所執欲汙之紿賊至懸崖遂抱幼子以投賊從援之俱死

陳氏

鎮海軍餘陸瓊妻陳氏年十九于歸未幾夫卒陳誓不欲生既斂矣以廳事狹請于舅姑寘柩房內舅姑不可移之山間越三日往視見血凝于外大慟曰妾身苟存而夫柩暴露如此不如

死之為愈也遂自經郡人周瑛輩有詩悼之

林華妻

陸鰲軍餘林華妻莊氏生一女甫二歲夫久卧病罄其衣資以求巫醫夫歿叩地出血死而復甦棺斂已畢乃以其女付夫兄育之自經死

林烈女

林烈女名賔侯官人許聘同邑黄材未及娶而材卒烈女年十八矣聞之號慟奔材殯所誓志不貳材家貧烈女脫簪珥易棺瘞之獨居紡績

其節尤苦

黄氏

寧德林懋有継室黄氏者生四子而寡視前室子如已出紡績養姑隆寒盛暑未嘗輟卒年九十有六子着孫文廸相継登第

陳八娘

陳八娘者長樂六都人希閔之季女也元時有義姑陳中者蓋其先與八娘同宗云八娘少孤二兄亜塾與嫂淪没亜子昌文昌顕塾子昌隆

昌朝昌齡咸稱年八娘痛死者未塟生無所依矢志不醮躬紡績營葬四柩撫諸孤至于成立為婚娶弘治壬子卒年六十有八

倪善女

倪善者閩縣人隆之女也隆娶城西薛氏名德生三子四女善其少女云初德之許字于隆也薛翁媼俱歿族人以女迨年謀歸于倪德持不可終翁媼喪為諸弟畢婚娶迺合巹年二十七矣勤儉惠和大有造于倪氏善生也未笄時父

母云歿諸兄有子如雲善閨居不嫁撫諸姪紡績治生以所羨餘增置祭田子姓義其所為卒年八十有四遂葬祖墳之側歲時烝嘗不絶

陳二烈女

二陳烈女俱福清人蘭女長許聘林招得未娶而招得溺死女即矢節歸林孝奉姑嫜雖耄年而養未嘗缺精於女紅獨處一樓日夜杼軸聲不絶邑人重其賢布數尺即爭市之號曰節女布云

鏡次女聘施元衡將婚夫卒鏡女聞之即自縊母救止之遂如施氏紡績養舅姑與蘭女同節嘉靖間有司以聞蘭女獲旌

馬儒姑

馬儒姑者寧化人州判允德之女也正德五年流寇攻陷寧化擄女婦五十餘人至漳南道前池側儒姑年十五謂諸人吾死決矣不污狗彘遂躍入池死寇退二日屍浮面如生縣尹周楹欲上其事以憂去不果其時建寧縣有艾仲魁

妻婁氏亦不汚賊赴水死

饒紅姑

饒紅姑者邵武饒禮生之女許同里黄黑未婚黑没紅姑持服如婦服除父圖他適紅姑不聽父强受他姓聘儀紅姑潛入卧内自經死嘉靖七年按史聶豹命有司立石于墓

鄧氏

鄧氏者閩縣士人鄭坦妻也年十六歸坦未幾坦卒父母憐其少微諷以言鄧氏即以刀斷其

兩耳性聰慧凡烈女傳孝經皆能口誦以坦弟之子雲鎬為後雖甚愛而不姑息日夜課所業有司聞其賢莫不致禮詔旌其門卒年八十餘雲鎬隆慶庚午鄉薦知靖州益府長史

暨氏

暨氏者崇安蕭永寧妻也邑太安驛斗米嶺險峻難行人馬交墮暨氏捐百金煉鑿功成往視見肩貨者項冒烈日歸市笠數千人與一笠頌聲載路時正德丙寅歲

汪貌莊

汪氏字貌莊，晋江生員楊希閔之妻也。于歸二年，希閔病卒，汪年二十三，無子，自作哀辭奠夫殯，次吾不死，不了吾事，遂飲毒死。正德間事聞，旌之。

李息娘

李息娘，福寧人，適鄭龍，龍死時一男甫生二月，誓志不更適。男七歲而殤，息娘撫屍大慟：我勤苦衣食為汝父一塊肉耳，今奚望哉！遂自經

熊招娘

熊招娘者福寧生員周文昌妻也嫁三載文昌死招娘斷指誓不二孀居四年有謀委禽者招娘大慟圖自經不果是夜赴井死嘉靖十一年旌其門

鄭三娘

鄭三娘莆田人許庠生吳世勳勳蓬蓽家貧女兄之夫林尚書俊子達羞與為伍風三娘父母議更豪門三娘誓靡他之死不悔也按史聶豹

親弔其家令官塋之爲樹綽楔挽以詩云未親夫面繼夫亡不比尋常女子行白髮幾人操晚節芳年誰肯棄春光魂遊碧落乾坤老骨入青山草木香我淚豈能容易出與伊千載寄綱常同邑有王瓊氏議民陳商翁妹娘者翁玉屏女有脫誤俱以烈著

魏氏

魏氏者松溪葉世淏妻也年二十適淏逾年夫卒無子誓死不更適立後而訓以義方其節竟

完嘉靖中卒年九十

管氏

管氏者浦城人范毛桃妻也毛桃家故貧管敬事之不懈未幾毛桃歿貧不能市棺隣人舉其屍焚之管慟哭跳入烈焰中抱夫屍同燼里人以聞立坊表旌之

范熊林

范熊林三氏並邵武丘命妾也命雄于貲有行誼卒時遺孤甫二齡宗戚無可依熊守其孤范

會計賦役林綜家政郡人謂三妾植遺孤業不墜積德之報也三妾林最少無出其節尤足稱

涂氏

涂氏鎮海衛軍餘張舜化妻也舜化病卒涂年甫二十哭葬其夫越三日沐浴更衣登樓自縊事聞趙御史命有司祭葬之

施氏

施氏者邵武建寧縣朱建妻也嘉靖辛酉冬流賊突入其里開山保施從衆避之吴家磜被執

不從賊百計窘辱施散髮擲以砂石亂箠至死罵不絶口賊怒甚橫槊貫其腹磔之以徇賊去諸被掠者相與述其事建義之終身持齋誓不更娶

黄氏

黄氏甌寧黄偉之女郡諸生楊公範之妻也嘉靖乙未公範疾革黄許以死屬縷之明年遂嚙所服麻衣袖尺許而死時年三十五

林三娘

庠生王湍妻林三娘同安人夫死無子舅姑議

令他適逼歸母家其母潛許富人三娘知之遂服毒歸夫家仆于地大慟姑懼令婢嫗棧如母家市人皆為之流涕三娘自經死嘉靖十二年旌表

盛氏

顔晁榮妻盛氏永春人嘉靖初流賊掠其境晁榮同民兵禦賊盛攜男女出避至安林為賊所得欲汙之不從大罵賊遂遇害養女陳珠年十五頗有姿色亦被獲不汙于賊賊怒併殺之初

賊之磔盛氏也，將刃所乳男希進，珠翼蔽之得免。賊拉珠并盛幼女蘭英驅至數里，珠紿賊：「吾妹纔九齡，若釋之，則吾與汝行矣。」賊如其言，雖解英縛，猶防珠不懈。珠既死，蘭英亦爲賊所殺。知縣柴鑣督戰回兵，見珠死于上卓，收其屍，與盛氏並瘞之。

許梅

許梅者，同安人朱隠山之子妻也。嫁未幾，夫得瘤疾，梅扶侍之無惰容。夫死，誓不二事，姑甚謹父憐其少，逼使再適，臨遣赴水死，潮漲而屍不流，人異之。

何氏

何氏者，泰寧吳景馨妻也，二十四而寡，有遺腹子志崇，何茹淡攻苦，足不出戶，男卒，有繼姑，事之甚謹，家厄于火，結廬以居，奉姑于床而自席他卧起，姑疾，抱以如厠，穢必手理之。

翁氏

翁氏名葵，崇安陳際中之妻也，夫歿，託翁以老

親及遺孤二人翁竭力盡志孝奉二親送往事居姑目盲而復明二子有成立皆翁氏賢德所致云同邑有游氏

游氏

游氏楊自明妻也姑有廢疾游船抱持歷數載不怠既夫為貿税者毆至死游撫其孫幼時以復讐自誓後懷刃入讐家其人偶夕夢自明擊之暴死矣

吴氏

安人吳氏者晉江人刑部員外郎何琚妻也吳世家琚少年科第有時名不幸早卒安人年二十二寡而無子卒哭之日立囑置嗣區處後事從容自縊視死如歸嘉靖二十五年旌表

吳三娘

吳氏女名三娘同安人受劉仲芝聘仲芝歿女從母往臨其殯歸而持服卒哭有求婚者母許之沐浴自經死嘉靖三十年旌表

丘五姑

丘五姑者寧洋人吳從學之妻也嘉靖二十四年夫卒為立後處分已定遂自引決時年十九縣上其事為致奠立碑

張氏

高浦千户孫榮妻張氏年二十四榮卒既葬夫先營二壙為同穴計姑與其兄強使他適張陽許諾至夕自縊而死

陳媚姜

王國助妻陳氏名媚姜晋江人生孩四月夫死

獨撫孤幼織紝為衣食計一日從母郭氏弔外祖喪舟還至中流猝遇賊恐見汙遂赴水死賊駭散去越四日屍浮水上面如生時年十七

陳妙姬

王爵妻陳氏名妙姬晋江人夫歿陳以死自誓以姑老未忍居又一載姑營塚葬爵陳請于姑為同穴姑言大不易也陳即服毒姑請醫為解陳泣言媳婦本代爵養姑姑不諒其心不得已為是自白耳遂閉口不受藥翌日卒

柯梅

伍煓妻柯氏名梅晋江人有一子始晬煓死柯抱兒凭柩而哭哭已必曰兒羈我意從煓而難其子也舅姑不悟其意再閱月兒復沒柯夜至父母家與父母語盡平生下至婢僕亦刺刺不休既返從容起居舅姑乃沐浴櫛髮易所常服自縊而死家人驚救不及時年二十三

許氏

洪伯大妻許氏同安人歸數年未子時諷伯大

置妾乃娶陳氏女生二子許育之如己出伯大忽遘疾不起許即誓死相從殯斂畢収其遺書付陳吾衰中恐有遺忘其謹藏之復曰好調護兒也潛入卧房自縊死

廖貞女

廖貞女者吉安羅洪先有傳貞女名璧閩縣人父元熙與彭嶽素厚善許其女與嶽子夔槐明年嶽死女為去容飾不御若心喪然年十八歸彭有期矣夔槐舟行溺死女聞訃哀毁即欲自

經毋防視不獲乃請于祖母及母往視殮放聲慟哭屍若為更生泫泫且出涕口鼻迸流廖氏挽之還踊而呼父母既以死許人復何歸乎貞女舅嶽故江西人也娶于羅客閩復納薛氏舉夢槐嶽卒後羅與薛時不相能貞女泣諫新婦所恃為命者二姑不一心若此新婦將何依耶言訖又慟哭二姑感動亦哭遂和好無閒時彭氏家落夢槐又無兄弟聞者莫不歎嗟洪先曰嶽所娶即予從姑余姑產一子攜入閩夭死歲

時音閔恒爲之悲故聞貞女甚悉茲實錄也貞女於萬曆五年卒年五十六詔旌其門

吴氏

吴氏者惠安莊珊妻也珊卒吴年二十一無子晝夜號哭竟自縊以殉

莊顧貞

莊氏名顧貞晋江人吴⿰火帝妻也未朞⿰火帝卒莊於夫疾誓以身殉其父母與祖母共卧起防之莊辭祖母吾夫無與持三年服者吾何敢死祖母

遂不疑其母尋諷他適莊憤之其夜就寢自縊而死

蕭氏

蕭氏者晋江舉人蘇忠妻也忠遊清溪疾歸至雙溪卒于舟中訃至慟哭隕越檢衣出殮殯之河滸誓以死殉不食者九日矣弟哀其羸瘁持粥强之揮去至夫初旬服斬衰奠几筵畢偕妯娌出臨漳門外向柩所哭盡哀歸入門沐浴升几懸帛留一婢持帛婢悖伏號乃麾婢出掩扉

自縊

莊氏

同安進士李一陽妻莊氏者貞烈婦也一陽待次銓部以疾乞歸卒于途訃至莊為位而哭謂其父母昆弟夫以客死吾將往從之所念二孤幼夫翁齒暮矣有夫弟在其悉以歸之吾當自為計柩至遂自經死

曾羅蓮

曾羅蓮者福寧曾赤女也許聘包子損包日替

赤滋不恱既而墳死喜曰吾女當獲善配矣羅蓮泣免雖未行包氏子亦婿也父可往吊明日赤詣包是夕羅蓮自經死父歸視之其面如生

投海節婦

寧德有投海節婦漁者之妻也家甚貧從其夫徙福寧古縣夫死無以為歛慟哭三日乃殯之海濵殯畢復大慟躍入海死

杜妹懿

杜妹懿字淑貞福寧人杜鴻漸之女也年十七

賊掠九都從母走十都上埃崖將航海避之賊追急恐見汙投崖赴海鹵淖浸及胷舉手與母別母誑賊我女懷金幸活之賊汙原本有誤行以鎗䃥援妹懿不顧奮躍及深而死十餘日屍浮水入本里江潯

林氏二烈女

林氏二烈女長金小次玉小閩縣人熹女也金小年二十嫁連江鄭輝育一子矣玉小笄而未嫁也嘉靖四十二年倭入寇至其村壼江金小

適歸寧與妹扶母乘舟避之賊突入舟二女恐見汙皆自投于江全小且死置其子謂母抱還鄭玉小則脫簪珥與母聞者莫不酸哀敎日二屍逆流而上其父收瘞之

方氏

方氏者閩縣趙天麟妻也嘉靖三十八年倭寇其鄉長湾天麟出禦[原本有誤]賊舉家浮江賊突入舟驅天麟父母入水方氏及天麟妹坤淑俱年少恐見汙俱投于江同時有陳一德妻施氏與小姑

陳細娘遇賊亦相持赴水死懷安陳文禱妻蔡氏抱幼子跳入南臺江死之

王瓊妹

王瓊妹者福清王汝來女也莆人陳商聘之未娶而商卒女告其母奔陳爲持喪越數載嘉靖末倭寇其鄉峯頭瓊妹被執不受辱拾刀自殺賊義而歛之併釋諸同擄者

何玉真

何玉真福清林侹妻也倭寇福清侹父子俱被

執賊質徒以求賂不得徒死玉真遂自殺時同邑有林氏者庠生張季臨妻也亦與姑俱被執林求以身代姑免乃紿賊我宅前池中大有金寶賊信之林導往至則有投于水賊以長鎗刺殺之

石采蒿

石采蒿者長樂人參政璧之孫女也嘉靖間倭入寇采蒿隨母避之繫小刀衣帶中母怪問之曰急即死耳既而遇賊赴水陷泥淖中賊欲援

之系蒿自殺數日家人收其屍色如生同縣許鑑妻吳氏夫婦俱見執倭寇賊挾刃睨鑑吳抱而哭請代之賊遂殺吳時又有廉氏者林師學妻吳玉蓮者陳九叙妻俱不肯汙賊死

吳氏

吳氏者順昌葉周安妻高氏者周安子天榮妻也嘉靖辛酉流寇突至姑婦俱被擄不受汙至麥杉灘入水死之同邑林氏者鄭茂賢妻也亦被寇掠欲汙之罵賊賊怒斷其舌罵不已遂被

支解又有張氏女先年罵賊死之南平有徐氏女名冬使陸文諒妻林氏將樂有余氏女名鼎娘沙縣有陳氏名月娘永安有陳氏女大田有東崖投巖婦光澤人危涑妻　氏嘉靖辛酉寇至避之山中賊搜山恐見汙辱臨崖自投而下寇退輿至家死

莆文獻地女婦多禮義自守嘉靖壬戌倭寇陷郡城死節不回者甚衆郡志有名若柯氏庠生林觀頤妻蕭翠鬟庠生鄭日新妾陳氏舉人盧

士行妻王二娘王待魁女翁二娘方伯茂南孫女黃氏少參大廉女又有俞士冉妻宋氏宋君煥妻吳大娘高慎夫妻陳鶴娘教諭黃約妻游氏王源德妻陳氏庠生周大佐妻吳氏副郎林遷喬妾某氏俱死倭難郡邑旌其閭君林積華妻陳氏陳明德妻黃氏陳汝久妻林氏陳汝誨妻吳氏周于恭妻唐氏游汝才妻黃清娘卓世芳妻林氏並先時以貞烈稱者附著之

溫敬妻余氏

將樂溫敬者商而歿于河其妻余氏索屍甚哀誓以死從沿河徬徨月餘遂自經邑人揭科傳其事

張氏

張氏長泰人適楊佳任夫沒誓不二天撫其遺腹子至成立張今百歲同邑有林氏詹氏

林氏

林氏蔡德和妻也幼有至性能以孝姑化其母既歸德和孝奉舅姑尤篤邑人以爲難

詹氏

詹氏適鄭鴻澤嘉靖末死倭難甚烈賊感異全其幼子

陳氏

陳氏懷安台嶼人適候官諸生王應春應春頎資篤學得勞瘵疾陳侍湯藥數載不怠夫卒號籲如不欲生以舅姑年高夫弟尚幼身只一女冀爲故夫立後屏紈綺謝膏沐妯娌宴會一切不與嘉靖甲辰舅訓崇仁陳氏從姑之官舍數

年夫弟稍長湛于酒色盡傾其貲產舅姑淪亡
問関歸櫬所產女出適嗣續莫承形影相吊後
女與婿偕亡忍饑力作推食女氏二孤底于成
立陳卒年七十有三應山嘗言嫂氏非惟從一
實有三難乏胤嗣而志操不變一難也夫弟破
產一錢斗粟不分無幾微見顏面二難也拮据
力作育女氏遺孤身自凍餓三難也芳年守貞
迄于白首操履純潔真可貫金石而泣鬼神者
迺緣寠貧不得與

摧郵感典萬曆初山從林宗伯祇役郡乘宗伯
廉嫂氏吾節屢爲郡大夫言之而竟没没可謂
不幸余故表著之

投水四節婦

投水四節婦者寧德人也嘉靖末倭寇盡驅男
婦入舟四都楊文進妻尤氏楊景實妻官氏二
人相語失節而生不如死也過鹽塘同躍于江
越十日其屍浮如生里人以龍源堂祠之時七
都雲陽有阜永昇妻敖氏偕一佃婦不知其姓

自躍橋下死故稱四節婦云其時建寧屬邑亦被寇掠死節者政和有貢士游銓妻張氏范灼妻林氏松溪有陳光妻范佛姑林壽妻范惠江華妻葉氏江勝妻陳氏壽寧有吳自脩妻張氏凡七人

顧氏

顧氏者福寧後所軍餘朱祚妻也嘉靖六年死節十三年學正許士經上其事參政程旦建亭北街以旌之詳具林愛民記中其時壽寧人李

津妻黃氏周文妻李氏夫死皆自縊以殉

陳氏

陳氏者福安劉廷輿之妻也嘉靖末倭陷其邑陳與夫及姑同被掠語夫妾死不足惜君母子奈何乃紿賊以身為質脫輿與母歸取贖金輿母子出稍遠遂自刎

吳氏

吳氏者寧德生員林執中妻也倭陷寧德執中為所獲吳以身衛執中得脫走賊怒腰斬吳氏

同邑有崔氏

崔氏

崔氏者林鴻漸妻也以不從賊見殺屍側輒地骸骨被焚天陰雨時屍痕尚隱隱輒上莆人歐志學有詩吊之時福寧數被倭寇忤不汙賊而死甚衆其著者有棠村王崔女盛娘寧德陳範女淑慈彭瀾聘婦陳愛婉湯日進聘妻陳繼靜皆室女自刃者林若山妻周氏林二陽妻阮氏林奎妻何氏曹逞妻謝氏皆分屍投水者訓導

龔邦卿節母左氏林邦京妻陳氏崔允約妻薛氏崔文泰妻林氏陳銓妻黄氏徐元呂妻龔氏皆被掠不行見刃者若左丞芳妻陳氏以身衛舅教授彦代其榜擊卒全舅軀其節尤顯福安若陳時表妻趙氏携二子逺火而死阮承祖妻楊亩娘袖剃刀自刎陳國祉孀婦郭氏自經于樹陳九思妻劉錦娘郭守元妻李氏郭理妻不知其姓皆駡賊死又一婦下裳繫束首斷于床盡有古烈士風彼都人士委質而殘軀是保非

鬚眉婦人哉

葉七娘

葉七娘者閩縣翁文熺妻也隆慶三年有海寇刼其里海嶼擄男女七十餘人葉不肯行賊以白刃迫之大呼吾死不從賊賊怒斷其兩臂而死寇退官給銀葬之

林貞女

林貞女蒹姐其妹仁姐閩縣人叅政舜道之女也蒹姐許嫁長樂陳中丞省子長源于歸有期

長源病卒貞女欲奔其喪父母不可日夜號泣矢志不他其妹爱厥娣娣不茹葷亦不茹葷積勞瘁先卒貞女益幽憤嘔血數升而死將死謂父母瘞兒必之長樂時萬曆五年六月也士大夫聞之娣貞而妹友即烈丈夫難之中丞請于叅政以貞女柩與長源合瘞焉

林塘女

南靖陳泰字資儁娶同邑貢士林塘女泰歿時林年二十九子漢襁抱又遺腹子湍家貧甚市

嫁時衣物為喪葬費繼祖姑欲嫁之剪髮自誓言甚悽切祖姑從其志撫孤奉母俱紡績自給氷蘗踰六十年督學全立敬以節壽署其門嘉靖辛酉八月饒寇攻陷縣城林年九十四于漢已死端應貢之京惟孫茂馨不赴秋試在侍馨妻許氏偕女陳二姐度賊至不得免乃與茂馨訣吾子母義不汙賊祖姑老汝第扶去或可脫吾死不恨矣會賊至偕女赴井死賊乃舍茂馨令扶老嫗走仍為吊取二屍付之踰十日乃

殯面如生許氏故峽江訓導之女死時年二十九二姐年十四踰年林氏考終人稱陳氏三烈云督學宋儀望為立傳隆慶初事聞旌表

林氏

林氏連江人知州全之女也未笄許同邑儒士孫夢猻未婚夢猻死時林氏從父之官卽聞訃震悼求死後還鄉歸孫氏誓死以守萬曆間詔旌其門同邑有貞女彭氏許婚黄　黄卒彭氏誓守力貧養姑人以為難萬曆間旌表

鄭烈婦

鄭烈婦名懋細，福清人，教諭林資瀾女也。年十七適鄭汝舟，從父天佐之官惠州同知。踰兩歲，汝舟就試還閩，疾卒。訃至惠州，懋細哭踊求死，然以姑慰諭，且夫婦兩地，魂不能相屬。迨抵家，憑棺慟哭曰：吾得死所矣。姑防閑之，服硃末，吞金屑，絕粒越旬，俱不死。後乘隙柄小刀割喉以死。有司以聞，獲旌。

陳莊鄉

陳莊卿閩縣人萬曆間許聘洪塘周氏子未醮奔喪誓志孀守貞孝兩全未及表揚遽爾云殁按史徐公兆魁檄縣以五金并其翁姑營塋立石道左明故周門孝婦陳貞女莊卿墓貞女有

原本有脫誤

芸卿廖以莊李珊其人尚存附著之

王承静

王承静晋江人弋陽令王居瓚之女十五適諸生何九轉夫翁儀部郎何　遠家居貧承静拮据茹荼得歡心萬歷戊申歲九轉病故遺孤隨

殤承静曰吾死决矣因辭舊氏謁祖先拜跪如禮謂其兄曰慰吾母勿過念我遂合扉懸帛自盡顏色如生時年二十有八遠近聞而哀之

林從媛

林從媛侯官人太守百四歲林春澤第三女也適邳州守王德廣于家梁梁以資　官南寧卒于任媛自誓必死念遠櫬未歸且有娠强扶喪抵家日一再進蔬粥必對幾筵乃食

與所生姑約以産男女生死久之産女馳召第應起以女屬之遂不食中外慰諭者悉不與見積數日死郡志未立傳或者王氏式微無從考據耳因陳孝廉薦夫道其事故表章之

全閩大記卷之五十二

仙釋傳 有序

野史氏曰：二氏苦空玄同，持論閎濶，不可思議，雖鄒子談天之辨，莊生蝸角之喻，不能越也。要其歸與孔門背而馳。近言三教合一，予謂二氏不相為謀，况援儒以入于二氏乎？佛氏得性之影而不實，老氏執命之根而不化。老主於畜，託之虛無，謂無而後有也，羽流宗之；佛主於生，託之寂滅，謂滅而後生也，緇流宗之。二氏皆失其

真入於玄妄問有堅忍直截悟真詮不為左道
不可槩手之異端也采其可傳者著于篇

武夷君

武夷君者相傳　彭祖二子栖隱于閩因名其
山云漢帝築壇祀以乾魚遂為僊籙宗祖武夷
志云雉羮獻堯得封未知何據

控鶴仙

控鶴仙人者名屬仁華真仙師第七子也亦姓
来武夷山中

魏王子騫

魏王子騫者不知何許人也訪道武夷遂得仙繼而張湛等十二人亦以脩煉來山中推宗子騫于騫頭顱至今存觀者以骨色示休咎不知何解也本志有太姥及曾孫虹橋奏人間可哀之曲渺茫無稽十二人者孫綽趙元奇彭令昭劉景顧思遠白石先生馬鳴生及胡氏李氏魚氏而湛爲之冠云

徐登

徐登者永福人也本女子化為丈夫牧牛山顛遇異人淂仙術隱于高盖山有東陽趙炳者亦有仙術與登遇於烏傷溪上二人各試其術炳能禁水使不流登噴酒著樹輙成花因以其術療病但行禁架所療皆除時又有莊君平者不知何許人居福州亦疑其仙云

何九仙

何氏九仙者兄弟九人自漢時来閩于山脩煉道成之興化鯉湖尸解九人者各乘一鯉而去

今名九鯉湖其山曰何岩鯉湖擅山川之勝閩人謁夢者接踵而至縣名仙遊以九仙也于山今名九仙山宮觀杜麗聳龍之角云

華子期

華子期師甪里先生東晋時嘗入株林山却粒靜坐道成騰雲而去今建陽縣有子期山云建陽又有尹真人者不知何代人在蕉涼煉丹仙去

衍客

衍客不知何許人也避亂延平之北山結廬脩煉丹成舉家上昇

王霸

王霸者自蕭齊時渡江入閩居西郊外乡好黄老術嘗於怡山鑿井煉藥為黄金歲饑則鬻金市米以濟貧者唐貞元中觀察使即其宅建冲虚宫祀之并祀任放董奉徐登為四仙祠任放隱昇山董奉寓長樂登已有傳

潛翁

潛翁者不知其姓名隋開皇中鍊形於漳州石壁山養白蝦臺自隨不知所終

蔡如金

蔡如金者其先會稽人唐永徽初曾祖夔以廣州節度罷官居泉如金用蔭仕至金部郎得辟穀御氣之術廣德中棄官入道煉丹于清涼洞埀行春門外壽寧寺後留從效築羅城徙之松灣啟棺惟劒鑑存焉陳洪進以松灣建崇福寺再遷其墓于此山下

徒

無等

無等者會稽人唐時居南安延福寺盧刺史屢招不至遣使仗劍往不山下取頭来無等曰身非我有禪寂自若盧為之歎息

錢爵宵劉永志李氏

錢爵宵劉永志李氏三女仝在建陽白塔山脩煉得仙貞觀十五年里人呂師畋獵至此遇三女于石上圍棋因坐觀之桃半與食獵具尋朽歸家十年矣衆因飡師引至原處忽覩圓光百

丈三女昇天而去遂號三皇元君立龍濟道院奉之祈禱隨應

馬道一

馬道一禪師者漢州什邡人容貌奇異牛行虎視引舌過鼻開元中習禪定于衡岳遇懷讓師密受心印來建陽崇泰里佛跡嶺創寺若鼠在蚊蟻之擾作法禁之迄今永絶貞元五年於建昌石門山坐化元和中謚大寂禪師

袒膊和尚

祖膊和尚者名知亮唐時居泉州開元東律巷恒祖一膊行乞于市霜雪中猶然結廬德化戴雲山不火食累月宋太中十二年圓寂陳叔幾舊名陳夢師曰爾改名籍永春當得第果如所夢今戴雲祖膊真身猶存

行端

行端姓陳氏唐天祐間住德化程田寺卒後邑人像而祝之六月十五其卒之日也是日向晚必雨人謂洗市雨水旱禱焉宋紹興十年賜謚

真濟大師後加慧慈淳祐丙午大水民廬幾毀尉孫應鳳向東遥拜遺持辦香祈晴殿之東偏有師逝輪一香卓一忽跳前數步視之則後山坍頹積土于空殿之東楹皆無恙少頃雨霽水退民遂安居

無晦

無晦姓陸氏唐咸通間卜菴德化五華山與虎同居山苦無水無晦穴土數十丈得泉名端午泉

龍胡禪師

龍湖禪師名晉門唐僖宗第三子也住湖南石霜寺叅禪及去語之逢乾則止逢陳則住來邵武其山曰大乾所居道士姓陳結菴居焉一日聚徒說法有老人在旁師問之對曰某此山之龍行雨不職坐譴乞師救之師曰可易形來俄爲小蛇師入淨瓶覆以袈裟忽雲雨晦暝雷電逸空而散蛇自瓶出復爲老人謝徵師力腥穢此地矣山中無水當以爲報乃爪石瀉泉一泓後師跨虎去不知所之

孔莊葉

孔莊葉三女俱會稽人唐天寶間棲武夷天柱峯夢元君授丹訣指東南尋雲虛洞修煉得之宋治平中大旱里有江小三者耕均山三女以小葫蘆水令晒旱田是夕大雨霑足歲乃有秋

三平大師

三平大師者名義中依大顛師寶曆中住漳州三平山學者三百人卒年九十二唐王諷有碑文

陳智廣

陳智廣以元和二年生日月中行有十二影隨身持鐵鉢從一白犬咸通六年建菴興化九座山又於岩西立院院西有龍潭智廣每浴水必煖一日浴之水冷俄聞山中有鞭箠號泣聲遂不復浴四方祈禱輒應人謂龍樹化身云

蕭袁二禪師

蕭袁二禪師者唐會昌中在建寧大同山脩行梁國公丘良居山下於水際屢得菜葉尋源謁

二師忽二虎驟至師言無驚地主公虎叩頭引去良遂捨地立利刹名大同寺

義收

義收者不知何許人居福州萬歲寺時春不雨至夏義收積薪通衢將自焚以禱煙舉雨降後住雪峯寺

行傳

行傳禪師者唐宋間居安溪盧山常馴二虎邑人盧氏居此一夕門前數松自仆師為起之盧

遂從家延師

扣冰

扣冰禪師姓翁氏崇安吳屯人承贊之季子也嘗冬月扣冰而浴故以為號初承贊夢比丘求宿母孟氏娠而生師年十三辭親出家依興福院師僧行全既而杖錫叅雪峯禪師臨別雪峯言爾道不如我道大我香火不如爾香火長既歷方遊一旦拂袖曰欲會千江明月只在一輪光處何勞破此芒鞋遂成定慧每自問主人翁

惺惺否自荅曰惺惺人言何不誦經曰心心常念何不禮佛曰念念常敬何不升座曰空空無説紅裙羽扇假清涼以搖之乃謝曰心炎久撲滅扇不動死灰晚得瑞巖香火長旺

吳翁

吳翁者崇安五夫里人也章太傅有張陳二將奔南唐副查文徽來攻閩屯五夫聞翁善卜從問之得吉兆王延政降二將從文徽歸至五夫召翁與語錫賚甚厚謂翁吾欲棄人間事與翁

為林泉友翁乃為大將卜居隱仙巖之旁今名大將村為小將卜居賢山之側今名小將村二將辭文徵從翁學長生久視之道皆百餘歲卒

張淡

張淡三山人初至武夷隱其姓名一日登天柱峯半洞坐化石上旁有蟾蜍因呼張金蟾其蛻至今存魏王子騫傳有張湛疑此人

徐頊

徐頊崇安黃連坑人嘗於三髻山遇仙對弈啗

所遺果歸即辟穀歲旱邑令諸葛廷瑞召之祈雨頂登鐘樓望三髻狂呼招之忽朶雲西來須臾雨霑足後尸解鄉人祀之望仙菴

吴懷玉

吴懷玉崇安人武夷為道士老無衰顏行坐間輒閉目人間之曰俗無可觀因號眇翁年九十六無疾而化

李良佐

李良佐者南唐後主李璟弟也一日辭後主訪

道武夷唐時武夷觀在洲渚間後主勅有司移建今所禁張捕樵採後坐化清虛堂本觀稱開山祖師云

譚紫霄

譚紫霄名峭字景升泉州人國子司業洙之子也遊名山得辟穀術夏裘冬葛或卧霜雪中竟日嘗作化書授宋齊丘令為序齊丘因攘為已作其言類黄老舊志以為精於道術祈禳符呪驅邪役鬼之説此出江南野史非所稱紫霄也

紫霄尸解金陵歸蜕于泉有祥雲白鶴繞之

義存

義存姓曾氏南安人與岩頭師爲友岩頭謂從旁門入者不是家珍丈夫須出自胸中使蓋天蓋地義存大悟下床喜躍而去後居雪峯山稱聖僧

妙覺大師

妙覺大師住寧德鳳山寺唐中和四年妙覺問岩頭師今從何止師答逢陽則止遂刱庵東陽

逾月闢殿基得一米石遂建寺居之賜額崇勝越六年湛菴道者更以石柱卓錫出泉其味甚甘

徐氏二真人

徐氏二真人者南唐主徐知誥之弟也兄名知證封江王弟名知諤封饒王二人好道不殺雖建洪勳膺高爵而伯仲齊美並登仙籍嘗將兵至閩閩人德之立廟于鰲峰生祠之既昇化益現靈異永樂中

成祖北征弗豫諸醫罔効二真人以靈符妙藥護聖躬勅有司崇宇嚴事之加徽號御製碑文秩諸祀典

天妃

天妃者莆人統軍林　孫都巡檢愿第六女也生有異質稍長乘席渡海嘗雲遊島嶼間人呼為神女宋太宗雍熙四年昇化後常朱衣翻氷上天聖間立廟莆西山後諸郡通祀之數現靈異于滄溟航海顛危禱之輙應

國朝有加封遣祭見使琉球録

順懿夫人

順懿夫人陳氏者唐時閩江南下渡陳昌女也嫁劉杞年二十四而歿陳世巫覡女死為神有禱輒應現靈異于古田臨水洞朱衣斬白蛇廟食其地故稱臨水夫人云宋時浦城徐清叟子婦懷妊十有七月不產忽一婦來言姓陳專醫產乃令移子婦樓上鑿一穴產小蛇丈餘自竅而下諸僕持梃斃之產婦遂痊酬以金帛不受

但需帕方令徐親書某贈数字且言某居福州古田左右隣某也異日垂清幸甚言訖不見後清叟知福州遣人尋訪所居隣人云此間有陳夫人廟嘗現身救産入廟視之徐所題帕在案上徐請於朝封慈濟夫人賜額順懿

妙應

妙應禪師者唐末僧涅槃號也師住興化囊山院出言成讖嘗曰生吾前者非聖人吾去世六紀之後有無邊善身菩薩来治此國辭曰走月

小爍爍千聚復萬落處處鳳離巢家家種葵藿
宋朝混一其讖始驗

釋耽章

釋耽章者莆人黃氏子也年十九棄家為僧住
曹山菴名冠叢林帥南平鍾玉雅欲禮致之書
偈付使者摧残枯木倚寒林幾度逢春不変心
樵子見之猶不採郢人何事苦搜尋竟不赴

壽佛

壽佛姓袁氏崇安人力農事毋逢跣不畏寒與

同華芸田烈日中每有陰雲覆之初學道於黄洋岩改築銅鈸山木石至重獨力運之或施以粟四五石盡肩而去陟險如飛卧不設榻竪圓木三尺許危坐達旦言休咎皆驗病者以水療之輒愈示寂以火遺蜕儼然鄉人祀之每著靈異

許碏

許碏自稱高陽人舉進士不第學仙遊名嶽嘗至武夷絶頂題云許碏自峩山尋偃月子到此

又題詩閬苑花前是醉鄉踏翻王母九霞觴群仙拍手嫌輕薄謫向人間作酒狂或傳其仙云

僧行雲

僧行雲者自福州至泉陳洪進禮之一日謂洪進汝當主此山河後牧泉州行雲復來見凡世報應莫不前定苟懷疑殺人鮮克令終故陳主雖幽廢張漢思竟以壽終

劉希岳

劉希岳漳州人端拱中為道士居西都老子觀

遇人浔道題詩云夾脊雙關至頂門脩行徑路
此爲根一日沐浴更衣而卧須臾飛出一金蟬
遂失所在
蘇隨
蘇隨晉江人嘉祐二年進士傅羅令棄官歸葆
神鍊氣一夕夢遊異境覺而賦詩夢乘鸞鳳到
仙家侍女風流魏月華琥珀杯傾千歳酒琉璃
瓶種四時花金函藏籙文刋玉石壁題名篆點
砂一枕北窻初睡覺日移門外柳陰斜後坐化

張聖

張聖者永福人貌絕醜採薪山中遇異人噉以苦桃即絕粒食素不知書忽援筆作字能言人禍福事後多驗卒而鄉人祀之

本逸

本逸閩縣人九歲出家叅廬山禪師入室頓悟元豐六年詔住相國寺賜號正覺禪師

義高

義高姓陳氏長樂人有道術太祖召賜金帛歸

悉以施貧者晉王嘗北征命從行王欲試其術時六月令祈雪高執皂旗麾之須臾六花飛濡軍中

周霞隱

周霞隱浦城人名史卿元祐中遇異人授真訣隱油果山二十年丹成一夕風雷大作失丹所在遂出神求之謂妻七日復來有一僧語其妻曰學道者視形骸如土苴遂焚之明日史卿來空中唖唖責其妻而去

李陶真

李陶真者不知何許人也熙豐間訪道武夷好吹鐵笛臘節諸道士各招飲陶真俱赴諸房笛聲一時同發衆異之後寓建平通 岩一日留詩別衆毛竹森森自剪裁試吹一曲下瑶臺當坐不遇知音聽拂袖白雲歸去來衆聞笛聲隱隱漸遠不知所適

大羅仙

馬氏大羅仙者本建安將相里人俗呼馬五娘

適人一歲夫亡誓志不二紡織養姑每跣足出入遇溪暴漲無舟可渡張傘仰置水上乘之以濟衆盡駭異嘗語人我非塵世人有姑在終其天年即仙去或歲旱鄉人迎致禱雨輒應後姑以壽終襄事畢上昇閩人咸像祀之

劉氏女

劉氏女者寧化劉安上女也生雍熙初九齡與羽人譚道淂度及笄許妻何氏子來迎矣忽有一白鵝自空墮下劉女乘之仙去陳軒詩白鵝

乘去人何在青鳥飛來信已遥若使何郎有仙骨也須同引鳳凰簫

晏僊人

晏僊人者不知何許人樵採汀州山間見一道人食桃餘其半晏受而啗之忽前知人禍福鄉人奉之

栖霞

栖霞者同安人刺史王繼勳聞其苦節將廣所居峙其粮固辭蔡仁機施以一斛之田乃受籌

暮有荷包笠而至者宿菴中解包以金與之霞
寘床下越七年至復與之霞笑曰向所惠尚存
何足更益出視塵埃蒙密其人太息俛取舊物
而去或問其故霞曰假物非真用之適以誤人
其廉而有識如此

真覺大師

真覺大師姓陳氏名志添永春人初住南安雲
華岩後遊汴京陳太后詔祝遜寧王壽哲宗有
御書賜之初在福禪次住秀州福岩黃庭堅陳

軒皆贈以詩庭堅又書草菴歌刻廬山歸宗寺

陳普足

陳普足永春人兒時牧牛持齋誦經元豐六年旱安溪劉氏請普足禱雨隨應遂築室蓬萊山清水岩居之相傳有女魔投宿見岩竹四裂遂不敢入有巨石當路往來患之忽一夕轉于道側嘗指閩苑山此佛家鄉也後數十年當現身于此建中靖國元年示寂紹興四年七月十日雷火燒山自夜達旦鄉人異之躋攀至石門見

白菊一叢董一叢香爐一具普足現身儼有雲霧擁之而上後賜封號祠之毗藍岩

蜀僧元普

蜀僧元普者住永春樂山名其菴海潮危坐不寐二十年江公望作歌設三問扣之皆不荅公望數坐邑治平遠臺遥拜其菴

從謙

從謙者漳州人慶曆中住開元寺不食四十年歸岐山石門洪覺範大覺禪師俱有詩

徐熙春

徐熙春者邵武人熙寧間居縣西市酒有常道人者乞酒于其婢婢輙與之主覺撻其婢道人與以百傷丸且教製造法傾其餘水對門井中令再造必取此水丸治百病今遺方尚存時有驗也熙春嘗夢鐵冠道人覺而至城南五峯院淂之如所夢者自言姓蔡住武夷遺以五華草食甘美自是絶粒惟飲清泉約以某日會于武夷如期而往蔡已先至徐以水深不能渡止金

身院脩煉後尸解

馮觀國

馮觀國邵武人遊方外遇真人得其傳自稱無町畦道人寓宜春二年言人吉凶盡有驗或請其醉狂觀國以詩謝之踏遍紅塵數百州幾多風月是良儔朝來應笑酡顔叟道不相侔風馬牛紹興中坐化

黃希旦

黃希旦邵武人居九龍觀號支離子翛然有出

塵之志熙五年作五福宮召希旦至京後二年化形太一宮復見於蜀以詩寄友人昔年遊太一今日反成都君去問來事雲藏月影孤

王法昌

王法昌建陽人生不茹葷幼失父母落髮入福山寺服勤苦不拔生草不剪生柴著破衲養蟣蝨常翻易使均飽熙寧辛亥忽告人來年五月十八日當去至期果然

姚有安

姚有安福州人少業儒長乃爲僧熙寧中至建陽住武仙山一百二十里朝發暮歸有鐘樓頹朽人莫敢登有安上解鐘如履平地劉朝奉祈嗣曰與爾一子某年月日生可名姚哥至期果然

吴崇岳

吴崇岳惠安人爲龍興觀道士休糧輕身周轉運聞其名往見之因與西行至德化縣東有松高百尺上有鶴巢命登之師出巢顛飛步與枝

佩昂禮拜其上周贈以詩事聞召赴闕賜號通
玄先生復歸龍興年七十餘尸解

王文卿

王文卿者建昌南豊道士也宣和中來遊建陽
縣迎壓觀貼二符于壁旁書召和氣作融風神
府末吏王文卿書文卿每出遊遇兒童則戲索
一錢盡雷其掌令握之行數步掌開雷聲霹靂
謂之賣雷公又名顛道人一日平旦風雲晦冥
登楼視之不見其處

僧自然

僧自然姓程氏崇安人出家學禪刻苦清修遊京師朝士妻以賤疏援筆立就咸平中奉旨往西竺取經得石鉢歸廣藥療病無不愈者詣闕奏對稱旨賜紫衣號了空大師

吳聖

吳聖者失其名崇安人早晝貿遷有胡僧叱之何汨汨逐利忘本来即絶葷酒謝妻孥登清湖山結菴以居遠近宗之或問雨暘及孕生男女

無不驗者示寂留偈有非外非身即禪之説

淨空大士

淨空大士者莆城人也熙寧中棲隱山岩夙悟禪定待制章衡迎歸南峯寺跏趺示寂遺骨塟寺後祥雲菴後封慧應大師詳見真西山所撰記

有偵

有偵者福清人少好讀書稍長為僧潛心釋典常閉戶獨處緇流皆宗之説法作偈悉入精妙

後端坐示寂所著有平山集

宗已

宗已字子正晉江人理數俱邃初主資聖最為蔡君謨呂縉叔所知治平三年寂化

定諸

定諸晉江人學佛通儒宅心岑寂曾會與之為方外友所貽曾諸詩非苟作者嘗造塔筍江磐石之上因置院以石塔名

有朋

有朋南安人遊寶林宗已門有聲元豐二年郡守陳樞迎致開元主教崇寧四年東林常總貽書頓棄糟醨已云無味方知日月别是一天宣和六年跏趺而逝

常總

常總者尤溪施氏子也初母夢金人丈餘持白蓮授之總在孩提聞酒肉氣輙嘔年十一出家精釋典有道行楊時過廬山與論性謂本然之善不與惡對胡安國亦聞而是之蘇軾為作真

讚堂堂總公僧中之龍洪覺範傳以軾之言為然

了他

了他姓許德化人自㓜為僧戒律甚嚴不澡浴者三十二年元豐間辛年九十七臨寂取豬首不割而噉幾盡坐化不壞其徒奉之如生後三十年爪髮復長觀者如堵或刺其臂血流三日乃乾至今真身猶存

法輝

法輝晋江人居廣福院禪餘以詩自娛與呂縉叔石聲叔陳原道諸人同社時有警句

裴道人

裴道人者自稱江東人紹興中遊于泉州頭戴草花行歌於市予之金則沽酒獨酌莫知所止宿一日樵子於北山巔石嵌見一人端坐拱手而逝有通草花在地知其裴道人也郡人因其蜕塑像事之旁塑一虎相傳道人自城中歸山則虎至山下迎之

郭道人

郭道人隱其名自稱卧雲子訪道武夷言人禍福輒奇中紹興間遇諸葛行正言其歷履如目覩者行正異之遂師焉一日與行正出市中遇軍職趙某者曰此人吾親見其死于京師何以至此郭語行正人既識我難久處矣忽辭去不知所之

許子琦

許子琦者惠安人落髪稱南竒精通釋典尤長

於楞嚴圓覺以為不明心而泥語言祇益障蔽乃棄去游江淮謁翠岩可真惕然有悟去叅積翠惠安得其道名益著賜紫衣號覺照大師

釋道英

釋道英姓胡氏子琦之邑子也受法于琦有語録行世

法周

法周姓王氏同安人八歲出家住開元文殊日授楞嚴千餘勤慎無惰容後登覺路

祖鑒大師

祖鑒大師名從密崇安人初扣冰之赴閩王辟也别衆於松門曰二百年後再歸掃堂宣和六年翁彥國請師住瑞岩院東至嶺猛省者曰此地吾重来矣法體魁梧扣冰遺故袈裟長丈餘師披之適松門别時二百餘年後以十二月二日坐逝亦扣冰證聖之日云

卯齋和尚

卯齋和尚姓彭氏崇安人住崇福院有盤陀石

方廣尋大和尚每日卯時一飯凡坐石上終日不再食雖風雨不假笠蓋年一百有五跏趺而逝

道全和尚

道全和尚崇安人深究經典亦善詩主西峰安福寺凡所許皆可為名人初和冰有識瑞岩一片雲西山全是佛至是始悟為道全也

海珠禪師

海珠禪師名道鎮建寧人住天心寺日誦金剛

經深契其旨一日於南浦橋拾得善本即付界
首葛氏刊施先是葛氏夢僧註金剛經畀之至
果然一日師告于衆吾以某月示寂至期無疾
沐浴披緇跏趺而逝瘞寺後皇華山

黃覺

黃覺者浦城人也送客都門外至則客已去見
一道士在側呼與共飲酒罷道士掬水寫呂字
始悟其為洞賓道士曰明年江南相見果官江
南道士再見出大錢七文又次十文又小錢三

文與之曰數不能益也又與藥數十丸元旦以酒磨服可保一歲無疾覺如其言藥垂盡作詩曰床頭曆日無多字屈指明年七十三卒如錢數

黃升

黃升者長汀人也自幼得道錢沉水中呼之而即出又能納汞于口運氣鍊之即成白金有蔡道人死升爲棺殯後遺書與升云在崆山相候升往見之曰吾向時有文字在墻隙間汝歸誦之言訖不見升得其文字自是能役鬼神後尸

解

暨存真

暨存真甌寧人結菴建陽冲源居之出入常有
朶雲覆其上耕耘不問人我無不盡力夏月雲
輙隨蔭之同事以爲異俾移其所雲又輙移鄉
人請祈雨賜有呼即應有疾者飲以法水尋愈
紹興元年洛田詹公瑾作菴移居之二十二年
六月十九日坐化異香滿室遂塑其身祀諸郡
有禱皆應賜謚定應善濟大師

蘇紹成

蘇紹成德化人居郡城天慶觀後隱于北山朱子頗善之嘗造其廬書肅靜二字且銘其琴

白玉蟾

白玉蟾者本姓葛名長庚其祖有興閩清人司教瓊州玉蟾生于瓊祖父淪亡隨母適白氏因從其姓云性穎敏經書覽即了大義善詩文章書有龍翔鳳翥之勢十歲應神童舉不第拂衣而去入羅浮山得洞玄法能呼召雷雨後居武

夷止止菴自讚云千古蓬頭赤脚一生服氣飱霞笑指武夷山下白雲深處吾家嘉定間徵赴闕館太一宮封紫清明真道人

江師隆

江師隆號三白建陽人通經史標格出塵訪道武夷山得雷霆秘術能致晴雨紹定間錢唐有水孽詔赴闕有靈驗授金門羽客既歸武夷御書常菴二字賜之

丁智清

丁智清崇安人少不羈聞讀盤山頌遂識字主人翁結茅廬峰之巔能預知窮達一日謂人吾往迎曹王至分水嶺遇之同歸宿菴中明日土去人問宿何處王回顧一指問者至則智清已書曹王一指菴矣

應定太師

應定大師者汀州人初波利尊者自西方來住盤古山有讖曰後五百歲有白衣菩薩自南方来居此山是定光佛也至是乃有應定大師云

伏虎大師

伏虎大師者寧化人汀苦旱師結壇龍潭側云七日不雨願焚幼軀既七日將舉炬甘雨大至山有猛虎見師來即遠遁故稱伏虎云

戴雲

戴雲者永春人姓蘇氏結菴明山顛赴齋下山有紫雲覆其頂上山則騎虎而歸時大旱鄉人就禱常有黑雨蔽日隨人行歸必雨後坐化鄉人名其菴曰戴雲

招財大師

招財大師河東人修行于泉嘗令老鴉報客獼猴烹茶每下山赴齋至半嶺騎虎而歸後坐化

張道源

張道源又名克勤德化人遇異人尤竇溪使負以渡曰我泰山佛傳汝心印又一夕夢神人導遊異境山中有泰湖者古木流泉石岩可居與鄉人至山宛如所夢時紹定庚寅歲也後寂于泰湖

靈應祖師

靈應祖師者住泉南白沙跡未至莆語其徒曰往見礪山羊角二峰相抵是堰斗門處也江皐驟落作塔會未散即建菴慶後埭成菴建皆如所指示

圓悟和尚

圓悟和尚建安人住崇安開善院學通儒釋不專為幻語常和晦菴詩讚其像皆有造詣後示寂晦菴以詩哭之

白鶴道人

白鶴道人者，淳熙間延平趙希彦以郡守歸暮春，建丹陽會，有道人畫白鶴于壁，道人拍掌歌舞，鶴亦舞。俄道人去，不知所之。尤溪人建菴祀之。

金志陽

金志陽者，永嘉人，結菴學道，四方求醫者餌以所洪果餅立愈。歲旱，投偈召龍，頃即大雨。後入武夷，居止止菴，經歲不櫛髮，人呼為金蓬頭。至

元間坐化的日顏體如生

陳以文

陳以文同安人居天慶觀清脩三十餘年守倪文節雅重之慶元間賜號守素冲虛太師

青牛二仙

青牛二仙者隱永春桃林人見其駕青牛冉冉入雲表相與祠之達理山菴泉南有青牛先生者疑即此人也

馬姑仙

馬姑仙者不知其姓名幼學脩煉結廬于永春馬姑山巔一日登山採藥蜕形於百丈岩人見其現身岩谷間

禪鑑

禪鑑者名智孜汀州人落髮修行而長於詩其詠四皓因泰主白髮爲漢出青山佳句也

上官道人

上官道人者延平人辟穀煉氣一日作偈處世紅塵五十八混世獨存今姑没時人若問吾歸處

掃盡雲霞一輪月後戍兵於廣西見之

無求

無求者尤溪劉氏子也少業儒博涉群書後為僧遍遊名山頗工詩有塵外趣名流重之朱松為縣尉嘗序其集

慶真

慶真者順昌蕭氏子也出家持戒遊西江得法于汾潭月禪師遂大開悟晚歸將樂含雲寺坐化

釋道詢

釋道詢者惠安人姓王氏嘗遇了角髯道人授丹兩丸道詢服其一屬道詢曰遇確則傳後以授之大乘菴如道人名確者道詢悟內典積脩精勤忍垢結緣普施漳泉之間脩造橋梁二百餘所捍海水為田不可勝計景炎元年賜號靈應大師沒于白沙寺

顯應大師

顯應大師者永春人姓黃氏有戒行能知人禍

福歲旱為鄉人禱雨人目之黄水車後坐化安溪大尖山賜徽號

樂山

樂山王隱者不知其姓名嘗居永春之臺峯俗謂白鬚公云昇仙之後邑人為立祠

陳朗

陳朗字子彝德化人宋末遇仙授以草履朗受而看之行迅如飛百里俄頃尤精于地理之學今葛坑山石上有陳山跡

彭日隆

彭日隆崇安人號隱空未嘗問學闇誦清净經遂徹玄旨信口吟詠皆有理趣嘗自讃云五五二十五只曾從頭數到底一也無松梢月當午居清微木和宫虞集為記

祖庭和尚

祖庭和尚者崇安人也少業儒闇天界宗泐來復名徃師之二師既化遂居東林菴有語録行于叢林

藍復

藍復字性之崇安人僉憲智之兄也少失怙恃結廬巢雲岩家本腴止取田數畝自隨以給衣食餘悉散之諸昆汪月閑授以靜脩之術一日高臥戒其徒勿通賓客有道人謂其徒借庭中曬筆乃垂袖筆種種出布之盈庭少頃垂袖筆復種種入書壁云投機一宿不投機便行復覺而追之竟不相及惆悵而歸復一日沐浴更衣坐化

大奎

大奎姓廖氏晉江人入開元寺爲僧博通儒釋賦詩云不讀東魯書不悟西來意禪誦之假作爲文字簡嚴高古所着有開士傳各爲論讚其集曰夢觀

吴濟川

吴濟川德化人至正間隱居雪山金液洞蓬首垢面脩真絶粒日惟飲水一盞洪武戊申沐浴坐化明日神至莆見塑工曰我德化金液洞徐

友山也（友山爲濟川弟子）請塑諸像汝第先行吾亦踵至工至山其徒相驚所塑真身至今存鄉人有禱輙應弟隱山亦得其術坐化

張于冲

張于冲號三丰邵武人樵採奉母常頤遇呂仙一日砍柴未回道人藍褸告飢于冲妻妾言未炊惟熟糯米一斗待夫回造酒可食少許道罄食之妻懼夫回見責道言無慮可汲水一缸以餘粒浸拂袖而去頃冲回缸水皆酒味曰吾師

純陽至矣追及山澗小橋邊拜懇求度道期明秋於建陽龍游橋見冲如期往見二瞽者肩一眇者過橋去道責後期明年可復來冲如言復往橋中相遇道言汝母以今日死于掌中畫一屋令冲視何所冲言北勝寺也我有棺寄西廊下可殮汝母冲如言過其掌至北勝取棺僧俗皆不能知冲遂棄妻子寄迹北勝寺後復雲遊無定蹤洪武初縣以為妖械送京師至則子冲遁去滿城皆破笠敝衣竹節冠道人子冲乞錢

只取一文曰一錢足矣或隱或見不知所終

笑堂

笑堂者永樂閩詩僧也住同安大武岩有二徒亦能詩嘗之京師笑堂作詩送行名流多誦之

陳鏗韶

陳鏗韶字尚聲閩縣人嘉靖初年二十餘喪妻遂散家貲學長生術時時至鼓山巔默坐竟日久乃辟穀其父以爲病狂也拘縶爲越數日見其果不食乃舍之鏗韶遂遊茅武當諸名山遇

鄉人有識之者輙不與言數年乃歸以藥囊遺毋士夫慕之迎致他館輙不與言後復出遊不知所終

法果

法果晉江人居東禪寺戒律甚嚴遇清明率諸弟子持錫杖沿途拾露骼瘞之漏澤園年九十餘坐化時嘉靖末年也

全閩大記卷之五十三

伎藝傳有序

野史氏曰六藝有文與詩書並昔談尚之射之基御之造父扁鵲倉公之醫藥季主之卜鐘繇二王之書法咸有妙悟而多竒中前史書之爲美談取其適於用有所成名也閩自唐宋以来不獨文學彬彬上國等埒即衆伎諸藝往往有顓門稱名家予故悉爲論次以備看覽與博物君子者共之

蔡君謨書法絶倫歐陽公稱其行書第一小楷第二草書第三大字少踈平生不與人書石唯歐公文欣然操筆若陳文惠神道碑薛將軍碣東園記牡丹記有美堂記晝錦堂記集古録序皆君謨手書劉克莊謂比顔倍秀麗眂柳更敦腴非虚語矣宋初善書四家蘇黄米蔡蔡居三公之右襄名臣自有傳

林文韜

林文韜字孟宗福清人文昭之弟也精於星曆

嘗論史記曆書與漢曆志皆書漢太初元年丁丑歲而二説不同葢史記所述乃顓頊曆漢志所述乃黄帝曆

黄孝綽

黄孝綽建安人覺之子再舉進士不第寓舒州灊山自號灊叟工書其法本二王顔柳

陳容

陳容長樂人號所翁官至朝散大夫善畫龍為世所寶

艾淑

艾淑建安人早遊太學善畫龍與陳所翁同舍時稱二妙後仕為寧海軍節度判官

林霆

林霆福州人嘗作致日經推陰陽曆數以資占決金華吳萊有詩昔在江右國閩人有林霆白衣召上殿口誦致日經

楊士瀛

楊士瀛字登父懷安人精醫學著活人總括醫

學真經

方壬

方壬莆田人精醫術以濟物爲事姪文謨號橘泉翁傳其家學一時稱精詣其文行亦爲鄉邦所重

王識

王識字致遠永春人情學領鄉薦尤精星曆嘗作渾天圖每仲月爲一圖以驗天文盈縮又作渾天儀以布漆之爲可旋轉陳知柔爲識其事

一夕因觀星作詞二首以造化掌中生自許

李夫人

李夫人者宋狀元黃朴之女也元人畫蘭盛推雪窗而不知李夫人之蘭李能文章嘗自叙所作蘭云予家淒井公以蘭比君子予父東野公甚愛之每女紅餘暇輒寫其真以備幽閨之翫非以此求聞于人也

吴元善

吴元善建安人元末棄官居莆續壺山文會尤

工畫同會有楊元吉鄭德孚並稱名醫

鍾誌

鍾誌閩縣人世精陰陽地理之術號樂壽山人楷書得歐陽詢筆意為人剛介動止必依禮法

鄭漿

鄭漿字孔濟長樂人精於醫其診脈能知三五年後生死活人甚多亦能詩

林景時

林景時長樂人善畫山水嘗被召入京師士大

夫多畫之其後閩人有林景清者工詞翰畫尤
精妙

許宏

許宏字宗道建安人精于醫異疾輙效又工詩
文寫山水花草皆臻其妙卒年八十一有通玄
録南窓草録行世

朱宗明

朱宗明福清人徙居長樂性耿介善鼓琴永樂
初徵至京未幾卒　賜棺衾驛歸貧不能塟其

徒馬鐸卒士流爲營塚

陳登

陳登爲中書舍人永樂閒建奉天門命中書官篆額俱不稱最末以登篆進即宣入面書大見稱賞蓋上自能作玉筋篆以登書對摺瞬日光左右不差分毫

陳叔旦

陳叔旦名旭以字行閩縣人從陳景著學甘老山林長於書法楷行大書皆精妙公署坊門多

叔旦所署正德閘同邑有滄湾林焯者字惟夫亦工大書人多以重幣購之今子孫猶市其餘稿

鄒福

鄒福字魯濟甌寧人業醫善察脉逢知人生死於數載前遇奇症他醫不治者福投數劑輒愈嘗曰病知其源則知症不泛藥劑不多品舉其要斯効速矣嘗手集經驗良方十卷

詹林寧

詹林寧字必泰浦城人工繪事天順間召入
京授文思院副使直仁智殿
吳應
吳應字允吉政和人由邑庠生陞太學能詩尤
工篆隷
熊宗立
熊宗立建陽人通陰陽醫卜之術註解天玄雪
心二賦金精鰲極難經脉訣等書撰藥性賦補
遺及集婦人良方

林時詹

林時詹莆田人環之從子也善繪事尤長於山水天順六年召至京師成化初賜冠帶直仁智殿明年除文思院副使年七十致仕同邑有李在詡倪朋閩縣人周文請侯官人黄濟俱善畫被徵直智仁殿授以下闕

方烱

方烱字用晦莆田人善吟咏工書法嘗入壺山文會會友郭惟貞卒貧而無子烱率其友爲殮

[illegible]之精醫術歲大疫設㫒於孔道求療者先使其徒診視審訂施治所活甚衆所著有杏村肘後方傷寒脉理精微行于世同邑有周春谷者以醫名家年二十八一夕夢人語之曰聞君醫國手請上玉華樓既覺即戒家人治後事示以死之日月人以為狂既而果然弟善卿與春谷齊名善卿子用文用文子弼三世良醫

蔡于穀

蔡于穀者莆人也貢入太學授湖廣都司經歷

卒于穀博物洽聞在國學時禮曹鄭善夫薦其明習曆請召用以正同天之謬不報于穀嘗輯開國事畧十卷有竊其稿者易名龍飛紀畧刊布之人不知其出於穀也

闖大記卷之五十四 闕

外傳

閩大記卷之五十五　闕

外傳

編後記

福建編修地方志歷史較早。據統計，自晉至中華人民共和國成立前，福建省共編修省、府（州）、縣（廳）志六百三十七種。最早見諸記載的有《甌閩傳》一卷，作者及年代無考。東晉太元十九年（三九四年），晉安郡守陶夔修纂的《閩中記》，則爲福建已知最早有確切年代與作者的方志。其後，見於著録的還有南朝蕭子開之《建安記》、顧野王之《建安地記》，唐林諝之《閩中記》、黃璞之《閩川名士傳》，惜皆已散佚。

宋代時福建各地普修方志。南宋淳熙九年（一一八二年）梁克家纂修《三山志》爲福建現存最早的志書，因志出名家手筆，且存全帙，被世人視同拱璧，而現存之《仙溪志》《臨汀志》兩志亦受世人珍視。元代時福建方志編修進入低谷，未有存世者，據考佚志十部，其中府志七部、縣志三部。僅可見從《永樂大典》《八閩通志》等類書、通志中輯出的部分佚文。

明清至民國是福建地方志編修的繁榮時期，全省有大批方志問世，其中不乏精品佳作。明黃仲昭所纂之《八閩通志》，在編修體例及著録內容上，對之後福建的通志及府、縣三級志書的編修都産生了重大的影響。明王應山等纂《閩大記》、何喬遠纂《閩書》、周瑛及黄仲昭纂《興化府志》、馮夢龍纂《壽寧待志》，清陳壽祺纂《重纂福建通志》、徐銑纂《龍巖州志》、李世熊纂《寧化縣志》、周學曾等纂《晉江縣志》，民國陳衍纂《福建通志》、李駒主纂《長樂縣志》、吴栻主修《南平縣志》、丘復纂《武平縣志》等堪稱名志。

臺灣長期隸屬福建，直至清光緒十一年（一八八五年）纔由清政府同意設立行省。歷史上，許多有關臺灣的資料、歷史都被搜集、記載于福建方志中，許多臺灣方志亦爲閩籍人或福建官吏所撰。清初臺灣建置後，修志活動尤爲頻繁。自蔣毓英於康熙二十三年至二十七年（一六八四年至一六八八年）受命任臺灣知府期間親自主持纂修《臺灣府志》起，至乾隆時期的八十多年間，又編修了五部《臺灣府志》，這在修志史上堪稱奇迹，類似的情況還體現在澎湖志書的編纂上。臺灣歷代地方志的編修，亦正好可以證明中央王朝對該地區實施永久而持續的行政管轄權力的過程。

歷代閩臺兩地志書的編修，保留了諸多珍貴的歷史資料，特别是記述了海峽兩岸先民闖蕩海上『絲綢之路』的艱苦歷程，血濃於水的骨肉親情，歷久彌堅的經貿交往等，以史爲據，以志爲證，向世人展示了閩臺歷史文化的深厚底藴，深深地印證了海峽兩岸同屬一個中國的歷史命題，從而受到專家學者的高度評價與社會各界的廣泛關注。

爲搶救、保護閩臺歷史文化遺産，服務福建文化强省建設，深化海峽兩岸歷史及命運共同體的共識，促進兩岸和平統一，二〇一四年末，福建省地方志編纂委員會提出了整理出版大型文獻叢書《閩臺歷代方志集成》（簡稱《集成》）的工作設想，規劃收録福建現存的歷代舊志三百零七種（其中省級通志八種、圖志三種，府州志四十七種、附録兩種，縣廳志二百四十七種），臺灣自清初至清光緒二十一年（一八九五年）編修的志書三十九種、圖志一種，分地域編排，系統整理出版。項目得到了中共福建省委、福建省人民政府及中國地方志指導小組的高度重視和支持。福建省人民政府在《關於進一步加强地方志工作的若干意見》中明確提出『實施《集成》整理出版項目』的要求；中國地方志指導小組組長王偉光、常務副組長李培林，政協福建省委員會副主席李紅，我國著名文史專家陳祖武、張海鵬先生，應邀出任《集成》學術委員會顧問。中國地方志指導小組秘書長，中國地方志指導小組辦公室黨組書記、主任冀祥德出任學術委員會主任。學術委員會的諸位專家對

本叢刊的整理及出版出謀獻策、提供指導，

省財政廳在《集成》的經費上給予充分保障，中國國家圖書館、福建省圖書館、福建師範大學圖書館、厦門大學圖書館、福建社會科學院臺灣文獻中心等省内外諸多圖書館提供大量的舊志底本；福建省地方志編纂委員會馮志農、陳秋平、俞傑、林浩等領導精心組織、具體指導，陳叔侗、管句輝先生與社會科學文獻出版社、《集成》編輯部的全體同志爲《集成》的整理出版付出了艱辛的努力，終爲我省舊方志整理再添碩果。藉此，謹向各位領導、專家學者與工作人員表示衷心感謝！

因《集成》篇幅頗鉅，雖經多方互校

修版整理核補，然限於水平，遺漏不當之處或仍難免，敬請專家讀者不吝指正。

福建省地方志編纂委員會

二〇一七年十二月